"阿拉伯国家经贸文化丛书"编委会

主　任：杨怀中
副主任：马金宝
编　委：杨怀中　马金宝　王林聪　丁克家
　　　　陈　杰　李荣建　敏俊卿　王根明
　　　　刘　伟
主　编：马金宝
副主编：刘　伟

阿拉伯国家经贸文化丛书

科威特经贸文化

TRADE AND CULTURE
ON THE STATE OF
KUWAIT

王伏平 ◎ 编著

社会科学文献出版社
SOCIAL SCIENCES ACADEMIC PRESS (CHINA)

科威特石油工业

科威特体育场

科威特女科学家

沙漠中的猎鹰

科威特法拉卡岛遗址

科威特水塔

科威特城摩天大楼

科威特城夜景

科威特大清真寺

科威特城集市

科威特城码头

科威特城股票交易所

科威特艾哈迈德港

前　言

阿拉伯国家是指以阿拉伯民族为主体所组成的国家，它们使用同一种语言——阿拉伯语，有共同的文化和风俗习惯，绝大多数人信仰伊斯兰教。有些国家虽非以阿拉伯民族为主体，但长期以来与阿拉伯国家建立了紧密的政治、经济、文化、宗教联系，并加入了阿拉伯国家联盟，因此也被称为阿拉伯国家。目前阿拉伯国家共有22个，大都分布在中东地区，包括阿拉伯联合酋长国、阿曼、巴林、科威特、卡塔尔、沙特阿拉伯、也门、巴勒斯坦、黎巴嫩、叙利亚、伊拉克、约旦、阿尔及利亚、埃及、利比亚、摩洛哥、突尼斯、吉布提、毛里塔尼亚、苏丹、索马里、科摩罗。阿拉伯国家总面积约1340万平方公里，总人口约3.5亿（2015年），分别占世界的9%和5%。

阿拉伯国家和地区历史悠久，处东西方要冲，具有十分重要的战略地位。中世纪以后的阿拉伯文化融汇古今东西古老文明，将其贯通传承并发扬光大，集合了东西方文明成果的阿拉伯文化包罗万象，博大精深，影响深远。它在时间上处于古希腊罗马文化与西方近代文化之间，因而起到了传承古代和近代文化、影响西方文艺复兴的作用；在空间上处于东西方文化的交汇点上，因而能够构架起东西方文化交流的桥梁。阿拉伯文化虽然只是一种古老的地域文化，但随着《古兰经》的传世和伊斯兰教的传播，经过短短几十年，这一狭小、贫瘠地域的民族文化就焕发出蓬勃的生命力，以一种全新的文化形式（阿拉伯伊斯兰文化）迅速席卷亚非大陆并进而影响世界。发源于阿拉伯半岛、以阿拉伯语和伊斯兰教为代表的阿拉伯伊斯兰文化是当今延续时间长、没有断绝的四大文化体系之一（季羡林先生语）；世界四大文明古国，阿拉伯地区占其二。创传于阿拉伯部落的伊斯兰教及其文化，传播到世界五大洲的各个角落，是60多个国家和人民的主要信仰，在全世界200多个国家、超过16亿人口中享有崇高的地位。著名阿拉伯历史学家纳忠先生曾说："伊斯兰国家在国际事务中，正在发挥着越来越大的作用，对阿拉伯—伊斯兰文化的深入研究，已成为世界各国学者日益迫切的课题。我国正处在一个学术文化繁荣的时期，在这方面的研究工作，理应做出无愧于我国国际地位的贡献。"

中国和阿拉伯国家的友好关系源远流长，中国每一次真正意义上的对外开放，都与中阿关系取得突破性进展有紧密的联系。中国和阿拉伯国家面积约占世界陆地面积的1/6，人口占世界总人口的1/4，推动中阿友好合作不断取得新的成果，符合中阿双方的根本利益，也有利于世界和平与发展。2014年6月5日，中国国家主席习近平在中阿合作论坛第六届部长级会议开幕式上的讲话中说："回顾中阿人民交往历史，我们就会想起陆上丝绸之路和海上香料之路。我们的祖先在大漠戈壁上'驰命走驿，不绝于时月'，在汪洋大海中'云帆高张，昼夜星驰'，走在了古代世界各民族友好交往的前列。""中阿人民在维护民族尊严、捍卫国家主权的斗争中相互支持，在探索发展道路、实现民族振兴的道路上相互帮助，在深化人文交流、繁荣民族文化的事业中相互借鉴。""经过10年发展，论坛已经成为丰富中阿关系战略内涵、推进中阿务实合作的有效抓手。共建'一带一路'是论坛发展的新机遇新起点。抓住这个机遇，才能确保现在的发展不停步，将来的发展可持续。站在这个新起点上，才能获得更大发展空间，才能激发更为持久的发展动力。"中阿合作与交流迎来了千载难逢的黄金期。2016年1月15日，在习近平主席出访沙特、埃及、伊朗前夕，中国政府发布《中国对阿拉伯国家政策文件》，这是中阿关系发展史上的里程碑。该文件的发布，不仅显示了中国对中阿关系前所未有的重视程度，更对中阿关系未来发展进行了全面规划，为中阿关系的全面发展和深入合作提供了新动力，必将推动中阿关系再上新台阶。阿拉伯国家和地区，是中国"一带一路"合作倡议走出去的核心区域，也是这一得到国际社会响应的倡议起步成功与否的关键区域。目前，中国倡导并实施的"一带一路"倡议得到阿拉伯国家和地区的积极响应，这是中国在21世纪进一步深化开放布局与实现民族复兴的重大机遇。中阿经贸文化合作与交流有广阔的前景。"一带一路"是系统工程，民心相通是该工程的文化基础。从这个意义上讲，了解阿拉伯国家及其文化就很有必要。

从文化构成来看，22个阿拉伯国家分布在地中海沿岸，虽属阿拉伯伊斯兰文化圈，但由于受各民族、种族、部落的历史、地理、文化传统及政治、经济、教派等诸多复杂因素影响，文化同中有异，经贸水平参差不齐，各有其特点。从近10年中阿文化交流、经贸合作的情况和中阿友好交流的前景来看，进一步增进中阿相互之间的深入了解刻不容缓，中阿民心相通还有许多工作要做。

为了积极主动地发挥文化研究的优势，服务国家"一带一路"倡议，服务对外开放尤其是对"一带一路"核心区域的开放战略，促进中国对外经贸、文化交流事业的发展，为了推动国内对"一带一路"沿线国家的深入了解，不断提升面向阿拉伯国家的友好交流和对外开放水平，推动中国与阿拉伯国家的经贸文化交流，进一步密切彼此的关切和加强相互沟通，宁夏社会科学院回族伊斯兰教研究所（中东伊斯兰国家研究所）本着深化文化交流、增进彼此了解的目的，立足宁夏回族学、中东伊斯兰国家研究的学科优势，整合资源，以宁夏中青年学者为主，通过广泛联系、联合国内主要从事中东研究的机构和高校院所的专家学者，团结协作，共同承担了编写出版"阿拉伯国家经贸文化丛书"的任务。丛书共计22册，22个阿拉伯国家独立成册，每册10万字左右。丛书将以阿拉伯22个国家的历史、社会发展为线索和背景，图文并茂，采用厚今薄古的方式，全方位介绍当今阿拉伯国家的国情、经贸、文化、中阿交流及其习俗礼仪等各方面知识。突出科学性、知识性、现实性和可读性，为广大读者提供较为系统而全新的22个阿拉伯国家的社会文化知识，为关心并有兴趣的企业家、商人以及从事对外商贸交流的各界人士，提供翔实而可靠的知识信息。过去我们在这方面的研究基础比较薄弱，所以，这套丛书只是国内读者了解阿拉伯文化、阿拉伯国家的一个小小的窗口。今后，随着"一带一路"倡议的深入实施，这方面的成果会越来越多。希望学术界为中阿文化交流，为中阿关系的持续、健康、顺利发展而努力，奉献更多、更好、更深入全面的成果，为中国的和平发展，为世界的和平安定贡献更大的力量。这也是我们不揣浅陋，推出这套丛书的初衷。

主编　马金宝

2017 年 4 月 10 日

目　录

第一章　地理历史概况　1
　　第一节　地理资源　1
　　第二节　历史沿革　3

第二章　政治体制与经济发展　7
　　第一节　政治体制　7
　　第二节　经济发展　10

第三章　民族、民俗与宗教　41
　　第一节　人口、民族、语言　41
　　第二节　风俗礼仪　42
　　第三节　宗教　52

第四章　科威特文化　57
　　第一节　文化遗产与文化设施　57

第二节 教育与社会科学发展 60

第三节 医疗卫生和体育 73

第四节 旅游文化 79

第五章 对外关系 84

第一节 外交政策与立场 84

第二节 同欧美国家及日本、印度的关系 86

第三节 同埃及以及同周边国家的关系 93

第六章 科威特与中国的交往 106

第一节 中科政治交往和重要互访 107

第二节 中科经贸交往 110

第三节 中科文化交往 114

第四节 宁夏与科威特友好交往 117

参考文献 120

后记 124

第一章 地理历史概况

第一节 地理资源

科威特（阿拉伯语意为"小城堡"），全名科威特国。位于亚洲西部阿拉伯半岛东北部，波斯湾的西北部，北纬 28°45′~30°05′，东经 46°30′~48°30′。东临波斯湾，海岸线长 290 公里，与伊朗隔海相望；南部、西南部与沙特阿拉伯王国接壤，边界线约 250 公里；北部和西部与伊拉克相邻，有 240 公里的边界线。科威特国土面积 17818 平方公里，南北长 200 公里，东西宽 170 公里。科威特以南的中立地区面积 2590 平方公里，由沙特阿拉伯王国和科威特国共同管理，两国平均分配其资源。科威特领海水域 5625 平方公里。优越的地理位置使科威特享有"阿拉伯半岛东北窗口"和"海湾明珠"的美称。科威特还拥有法拉卡岛、布比延岛、沃尔巴岛、奥哈岛、米斯堪岛、乌姆纳木勒岛、库巴尔岛、乌姆马拉达姆岛和卡鲁岛等岛屿，其中法拉卡岛、布比延岛是最大的两个岛屿。

科威特地势由西向东倾斜,绝大部分土地为平坦的沙漠,北部地区有很多丘陵,西部地区为平原。无常年有水的河流和湖泊。

科威特地处沙漠地带,属热带沙漠气候,春季温和多变,时而有雷阵雨,时而有阵风。夏季长,炎热干燥,最高气温可达52℃;沥青路面能达80℃;紫外线、紫外线B和红外线水平60%,易致皮肤癌。秋季较短,温度适中,多云雨,夜间较凉。冬季短,湿润多雨,最低气温可达-6℃。1~5月降水量较多,年降水量为22~352毫米。春夏多沙尘暴。

科威特石油和天然气储量丰富,素有"石油王国"之称。现已探明的石油储量为140多亿吨,占世界储量的10%,居世界第四位,人均石油储量居世界第一位,南部的布尔干油田为世界最大油田之一。天然气储量为1.78万亿立方米,占世界储量的1.1%。另外还有一定数量的石灰石。

在科威特生长着400多种植物。科威特巴廷谷地到处都是盛开的野菊花、黄花等,给广袤无垠的沙漠披上了鲜艳的新装。在北部地区的祖尔山中生长着许许多多的阿尔法吉与阿伍萨吉植物。前者味涩咸,后者多刺、叶小,果红如桑葚。这两种植物均是骆驼的饲料。在北部地区的一些地方,还生长着一种多年生植物——拉姆拉姆(属天芥菜类),开白花,叶子晾干磨碎后可以当茶饮用。阿拉伯贝都因人还用拉姆拉姆医治毒蛇咬伤。到处盛开的达浓花和塔尔菲斯花是科威特最美丽的花,花冠很大。在低洼的地方还有许多耐旱的植物,有点水就能生长,如猫眼花,花分红蓝色和金黄色。高温缺水的气候使科威特植物的地下根系盘根错节，并远远大于地上部分。每年1~3月，是人们观赏和研究科威特植物的最佳季节。

科威特动物资源很少，常见的野生动物有野兔、狼、羚羊、雪雁和鹰隼等。但随着石油的大量开发，以及工业化、城市化的推进，加之人类的过度捕猎，科威特的野生动物都已绝迹。

科威特渔业资源丰富，盛产大虾、石斑鱼和黄花鱼等。每到捕鱼的季节，海鸟翻飞，马达轰鸣，百舸竞发，一派繁忙景象。

第二节　历史沿革

在阿拉伯民族历史上，科威特是一个新生的国家，迄今仅有200多年的历史，但科威特的文明史则可追溯到公元前4世纪，当时古希腊亚历山大大帝的舰队曾驶抵此地。在伊斯兰教兴起之前，许多阿拉伯游牧部落从阿拉伯半岛迁往两河流域的途中曾在此逗留。其中，伊雅德部落在科威特卡济麦城还建立了城堡。从公元7世纪开始，科威特成为阿拉伯帝国和奥斯曼帝国的一部分。"科威特"这个地名始现于17世纪40年代。当时统治科威特等地区的哈立德部落在那里建筑了一座小小的要塞，取名"科威特"，它后来成为科威特的首都科威特城。1756年，被推举为科威特执行官的萨巴赫家族首领萨巴赫·本·贾比尔（萨巴赫一世）建立科威特酋长国。科威特酋长国名义上属于奥斯曼帝国的势力范围，实际上保持独立。从此，萨巴赫家族确立了在科威特的统治地位，至今已有260多年的历史。

1899年，英国迫使科威特签订了《科英协定》，规定"非经英国同意"科威特不得接受英国以外任何国家的政治代表，不得将其领土的任何部分出租、让与、出售或赠予其他国家的政府或臣民。英国则承认科威特是一个内政独立的国家，保护其不受侵略，并向其提供财政援助。第一次世界大战期间，英国遂将科威特置其"保护"之下，并在科威特设立英国代办处。1939年，科威特正式沦为英国的保护国。

第二次世界大战后，科威特人民展开了争取民族独立的斗争。1954年，科威特成立了以酋长阿卜杜拉·萨巴赫为首的最高委员会。1960年年初，英国宣布承认科威特的自治权，把司法权和货币管理权交还给科威特人。同年9月，科威特、沙特阿拉伯、伊朗、伊拉克和委内瑞拉五国发起成立了"石油输出国组织"，为了争取共同的石油权益，联合起来与西方石油公司进行斗争。1961年6月19日，英国宣布废除1899年签订的《科英协定》，科威特宣告独立，国家元首改称埃米尔。同年科威特成为阿拉伯国家联盟和联合国正式成员国。

1961年12月，科威特进行了有史以来的首次大选，推选出20名制宪议会议员，并制定出科威特的第一部宪法。1963年1月，科威特选出第一届国会。1965年11月24日，萨巴赫·萨利姆·萨巴赫继任科威特第12任埃米尔（1965年至1977年在位）。从此，科威特进入前所未有的繁荣发展时期。1966~1967年阿以冲突期间，科威特积极声援阿拉伯国家，反对美国支持以色列对外奉行侵略扩张政策，参与了针对美国、英国等国的石油禁运。1973年，第四次中东战争期间，科威特倡议并参加了对以美国为首的西方国家实施的石油禁运。

1977年12月31日，科威特埃米尔萨巴赫·萨利姆·萨巴赫病逝，贾比尔·艾哈迈德·萨巴赫继位，成为科威特第13任埃米尔（1977年12月至2006年1月在位）。1981年5月，科威特和阿联酋、阿曼、巴林、卡塔尔、沙特阿拉伯成立了"海湾合作委员会"，其宗旨是加强成员国之间在一切领域内的协调、合作和一体化；加强和密切成员国人民间的联系、交往与合作；推动六国发展工业、农业、科学技术、建立科学研究中心、兴建联合项目，鼓励私营企业间的经贸合作。

1990年8月2日，伊拉克出兵侵吞科威特，并由此引发了7个月的海湾危机和海湾战争。科威特埃米尔贾比尔·艾哈迈德·萨巴赫、王储兼首相萨阿德及其他王室成员和政府官员逃离科威特，随后在沙特阿拉伯的塔伊夫成立了流亡政府。科威特被伊拉克占领后，许多公共设施遭到破坏，科威特经济受到重创。大量物资、设备、文物等被运往伊拉克。1991年1月17日，以美国为首的多国部队在取得联合国授权后，开始对科威特和伊拉克境内的伊拉克军队发动军事进攻，主要战斗包括历时38天的空袭，在伊拉克、科威特和沙特阿拉伯边境地带展开的历时100多个小时的陆战。多国部队以较小的代价取得决定性胜利，重创伊拉克军队，解放了科威特。1991年2月26日，伊拉克接受联合国第660号决议，从科威特撤军，科威特合法政府得以恢复。海湾战争结束后，科威特埃米尔贾比尔及王储兼首相萨阿德等政府官员陆续返回科威特本土，组成新内阁，开始了国家重建工作。

2006年1月15日，科威特埃米尔贾比尔·艾哈迈德·萨巴赫去世，享年77岁。王储萨阿德·阿卜杜拉·萨利姆·萨巴赫继任科威特埃米尔。因萨阿德身体健康状况欠佳，同年1月29日，首相萨巴赫·艾哈迈德·贾比尔·萨巴赫继任国家元首，成为科威特第15任埃米尔。5月21日，埃米尔萨巴赫发布敕令，解散科威特国民议会，提前举行议会选举。6月29日，科威特举行第11届国民议会大选，科威特女性有史以来首次行使选举和被选举权。2014年1月7日，科威特第34届政府内阁产生。目前，科威特萨巴赫家族统治地位牢固，政局相对稳定，安全形势良好。

第二章 政治体制与经济发展

第一节 政治体制

科威特是一个君主世袭制酋长国,埃米尔是科威特国家元首兼武装部队最高统帅。科威特的政体为二元制的君主立宪制,它建立在权力分治而又相互合作的基础上。立法权归埃米尔和国民议会行使,埃米尔有权解散议会和推迟议会会期;行政权由埃米尔、内阁和各部大臣行使;司法权由各级法院在宪法规定的范围内以埃米尔的名义行使。

科威特宪法建立在民主原则基础之上,并结合了总统制和欧美资本主义国家议会制的积极方面。科威特宪法的最主要原则是:国家主权、公民自由和法律面前人人平等。科威特宪法是由人民选举产生的制宪委员会的 20 名委员和 11 名内阁大臣组成的制宪会议通过协商制定的,于 1962 年 11 月 12 日正式颁布。

科威特宪法是海湾地区君主制国家实施的首部宪法,也是第一部由执政者提出实行宪政要求而制定的宪法。科威特宪法共5章183条,由5部分组成:国体与政体、科威特社会的基本构成、权利与义务、政权、一般条款和临时条款。

科威特宪法主要规定有:科威特是一个主权完整、独立的阿拉伯国家,其主权不可转让,领土不可放弃,禁止进攻性战争;埃米尔必须由穆巴拉克·萨巴赫后裔世袭;科威特人民是阿拉伯民族的一部分,伊斯兰教为国教,伊斯兰教教义是立法的主要依据;王储的任命由埃米尔提名,议会通过;埃米尔任免首相,并根据首相提名任免内阁大臣等;在法律面前不分种族、出身、语言和宗教,人人平等,人身自由不可侵犯;国家保护私有财产等。

埃米尔是科威特国家元首,其称号是科威特国埃米尔殿下。埃米尔还兼任武装部队最高统帅,其必须由穆巴拉克·萨巴赫家族后裔世袭。科威特宪法规定,埃米尔通过各部行使权力。他的人身受到保护,不可侵犯。内阁首相和各部大臣集体就国家总政策向埃米尔负责,每位内阁大臣对其主管的事务负责。"不经国民议会通过和埃米尔批准,不得颁布任何法律。"一切法律以及与外国签订的条约和协定均须在埃米尔批准后才能生效。

科威特国民议会为立法机构,一院制。其主要职能是:制定和通过国家的各项法令和法规;监督国家财政执行情况;行使各项政治权力;国民议会通过的法案须经埃米尔批准才能生效,埃米尔有权否决或提请议会复议某项法案,但如议会仍以2/3的多数通过或在以后某届议会以简单多数通过,该法案则自动生效;议会有权就政府内外政策及有关事务向首相和大臣提出质询,要求其解释有关情况;组成调查委员会对任何事务进行调查；自由表达其观点和看法；通过对大臣投不信任票罢免其职务。国民议会由50名经全国选举产生的议员和现任内阁大臣组成，每届任期4年。

科威特宪法规定，司法权由法院在宪法规定的范围内以埃米尔名义行使。司法机构在行政上隶属于司法部。最高法院院长和总检察长由埃米尔任命。

科威特政府由王储兼首相和内阁大臣组成，负责执行国家的内外政策，向埃米尔负责。内阁重要职务均由王室成员担任。科威特内阁批准了赋予妇女选举权和被选举权的法律修正案。

科威特有内阁、省、区三级行政机构设置。本届内阁设有18个部和一些直属局（委员会）。内阁各部有：国防部、外交部、内阁事务部、新闻部、内政部、教育和高教部、工商部、议会事务部、石油部、水电部、财政部、司法部、宗教基金与伊斯兰事务部、通信部、公共工程部、卫生部、社会事务部、劳动部。部的数量与名称，随着社会和经济发展的需要时有增减与改变。内阁直属机构有：中央银行、海关总署、中央统计局、农业与渔业资源总局、青年与体育总局、民事信息总局、审计署、民航局、港务局、社会保障局、环保局、文官委员会、投资局、直接投资促进局、住房福利总署、工业总局、舒艾巴工业区管理局、科威特石油总公司、科威特阿拉伯经济发展基金会等。

科威特设有6个行政省，即首都省、法尔瓦尼亚省、哈瓦里省、艾哈迈迪省、贾哈拉省和大穆巴拉克省。首都省、哈瓦里省和法尔瓦尼亚省组成大科威特市区。省级行政单位隶属于内政部管辖。区是科威特最基层的行政单位,全国共划分为25个区,区长的主要职责是负责组织本区的议员选举,发挥沟通社区民众与政府之间的纽带作用。

科威特禁止一切政党活动。但海湾战争后,在科威特议会选举中出现了几个主要政治派别。一是伊斯兰宪政运动。1991年3月成立,为穆斯林兄弟会和传统派组织,掌握许多金融和商业公司,财力雄厚。主张以温和手段促使科威特成为遵循伊斯兰教法的国家。二是伊斯兰全国联盟。系伊斯兰教什叶派组织,主张采取温和的方式实施伊斯兰教法。三是宪章联盟。由商人和企业家组成,多为科威特工商会会员。四是民主论坛。1991年3月成立,成员多为知识分子,自称是左派民族主义组织。强调人民权力,主张给予妇女选举权。反对王室成员垄断内阁职位,但不反对埃米尔世袭制。五是自由独立派。主张民主、自由和进行民主改革。成员主要是知识分子和文教、新闻界人士。

科威特实行义务兵役制,义务兵期限2年(大学生1年),预备役期14年。现在科威特军队总兵力为24754人。埃米尔为武装部队最高统帅。科威特平均年军费开支为12亿美元左右,占财政预算的10.3%。海湾战争结束后,由于国防需要和购置大量武器,军费开支超常增加。

第二节 经济发展

一 概况

科威特国土面积虽小,但油气资源丰富,石油、天然气工业为国民经济主要支柱,其产值占科威特国内生产总值的50%左右,占出口收入的94%。近年来,政府在重点发展石油、石化工业的同时,强调发展多元化经济,减少对石油的依赖程度,着力发展金融、贸易、旅游、会展等行业,并提出2035年发展愿景,将科威特建设成为地区商业和金融中心,发挥私营企业在科威特经济发展中的重要作用,保障人民生活全面均衡发展,实现社会公正。据国际货币基金组织数据显示,2015年科威特国内生产总值(GDP)为1217亿美元,人均国内生产总值约为3万美元,实际GDP增长率为0.9%,通胀率为3.4%,外贸总额为869亿美元,出口额为550亿美元,进口额为319亿美元,外汇储备为289亿美元。近年来,政府重视发展农业,农业产值约占国内生产总值的1%。以生产蔬菜为主,农牧产品主要依靠进口。渔业资源丰富,盛产大虾、石斑鱼和黄花鱼。畜牧业主要饲养马、羊、骆驼。对外贸易在科威特经济中占有重要地位。出口商品主要有石油、天然气和化工产品,进口商品有机械、运输设备、工业制品、粮食和食品等。主要贸易对象是美国、日本、中国、沙特阿拉伯、印度、英国、韩国、意大利、德国、荷兰、新加坡等。

二 工业

(一)石油、天然气

科威特石油和天然气储量丰富。20世纪30年代,科威特发现石油之后,石油资源主要控制在美英日等外国石油垄断资本的手中。科威特独立后,采取了一系列有效措施,诸如提高土地租让费、参股联营、赎买和接管等方式，最终于20世纪70年代中期将石油资源收归国有，成为阿拉伯石油输出国中第一个实现油气资源国有化的国家。

20世纪70年代，伴随着石油供不应求，国际油价飞涨，科威特石油生产和出口规模迅速扩大，石油美元源源不断地流进科威特国库，据统计，1981年科威特国民生产总值达306亿美元，人均收入达4000多美元，已跃居世界前列。科威特凭借巨额石油美元，逐年扩大石油的再生产和完善石油工业体系，努力使其具有世界最先进的生产技术设备和企业管理机制。

自20世纪80年代以来，由于受到战争、股市暴跌等诸多因素的影响，科威特的石油工业开始走下坡路，特别是海湾危机和海湾战争，使科威特石油工业遭到无比惨重的破坏。科威特85%的油井被引爆和点燃，从基础生产到输油、储油、炼油、出口石油一系列现代化设施均遭到严重的破坏。被称为世界上最现代化的炼油厂毁于一旦，石油公司大批设备、零件及车辆被掠夺，总值约数亿美元。海湾战争后，科威特立即开始了石油工业的重建，扩大石油生产能力，提高石油产量，增加出口，加强与外国石油公司合作等，及至2014年，科威特石油、天然气工业产值达292.2亿科威特第纳尔（约合1025.3亿美元），占科威特国内生产总值的55.1%。

科威特宪法禁止外国拥有或占有科威特石油等矿产资源，即使那些经科威特政府特许的外国合作伙伴，也只能在勘探和开采领域投资，且不能控股。凡开采出来的石油

第二章 政治体制与经济发展

必须全部如数上缴科威特国家石油公司。国家石油公司对科威特境内开采出来的所有石油拥有销售、支配和处理权。外国公司只是从科威特收回投资额及享有在石油和天然气增产中政府给予的优惠和相应利润。科威特石油主要由最高石油委员会（SPC）、石油部和科威特石油总公司管理、生产和经营。最高石油委员会，负责制定石油方针政策，主席由科威特政府第一副首相兼外交大臣兼任。石油部掌管石油资源，向最高石油委员会提出政策建议；协助 SPC 对科威特石油总公司（KPC）及其各直属子公司和在科工作的外国公司贯彻执行政策、规划、计划和经营活动，并进行评估和跟踪；对石油业营运、勘探、生产和开发进行技术监督、财务监督和安全规章的监督；发展对外石油关系，执行维持石油在 18~25 美元/桶的价格政策，保护、利用和开发石油资源，提高效能，增加石油收入；重视石油信息系统管理和石油政策宣传。1980 年，科威特对石油工业进行了重组，成立了科威特石油总公司，主要负责科威特油气勘探、开采、销售、加工和石化工业上、下游领域业务，以及监督、协调国有石油公司。科威特石油总公司董事长由科威特石油大臣兼任。科威特石油总公司下属 5 大子公司：科威特国家石油公司（KNPC），主要承担炼油、天然气液化和国内销售业务；科威特石油公司（KOC），主要承担原油的勘探和生产活动；科威特航空燃料油公司（KAFC），主要负责国内航空燃料供销；科威特国际石油公司（KPI），主要从事科威特原油海外销售以及在国外从事炼油销售业务；科威特海外石油勘探公司（KUFPEC），主要负责科威特境外石油天然气勘探、开采业务。科威特石油总公司还负责协调科威特石油化工工业公司（PIC，主要从事化学和石油化工业）和科威特油轮公司（KOTC，主要从事海洋运输、代理分公司和国内市场气罐业）的业务。20世纪90年代初，科威特石油总公司已成为世界第12大石油公司，并在科威特和海外（荷兰、丹麦、意大利）拥有多家炼油厂。

科威特本土有十多座油田，全部由科威特石油公司经营。其中最大的是布尔干（Burgan）油田，它是世界第二大油田，储量550亿桶，仅次于沙特AL-Fawar油田。其他主要油田有劳扎塔因（Randhatain）油田、萨布里亚（Sabriya）油田、米纳吉什（Minagish）油田、乌姆古德尔（Umm Gudair）油田、马格瓦（Magwa）油田、艾哈迈迪（Ahmadi）油田和巴赫拉（Bahra）油田。另外，科威特在其与沙特阿拉伯共管的中立区还有5座油田，其中霍特（Hout）油田和哈夫杰（Khafji）油田由阿拉伯石油公司经营。南富瓦利斯（South Fuwaris）油田、南乌姆古德尔（South Umm Gudair）油田和瓦夫拉（Wafra）油田由美国德士古公司和科威特石油公司联合经营。

尽管科威特年原油加工量并不居于世界前列，但是其炼油厂的技术水平却处于世界先进行列。其技术、设备和管理均从发达国家引进，且经过多次技术改造和扩建，石油产品的90%用以出口。科威特目前共有艾哈迈迪（Al-Ahmadi）、阿卜杜拉（Abdulla）和舒艾巴（Shuaiba）3座炼油厂，全由科威特石油公司经营。

第二章 政治体制与经济发展

科威特是中东产油国也是石油输出国组织（欧佩克）成员国中最早到海外及发达国家从事经营石油上、下游业务的国家。1981年，科威特石油总公司成立了科威特国外石油勘探公司。一年后，它购买了摩洛哥2.2万平方公里土地上22.5%的石油开采权，并购买了美国圣塔菲国际有限公司。通过此两公司，科威特在埃及、澳大利亚、中国、欧洲的北海和美国等国都拥有同业公司，进行石油、天然气的勘探、开采等业务。

此外，科威特还在海外大量购买炼油厂和加油站，建立国际石油加工基地和销售网点，扩大对自产石油制品的零售等销售业务。科威特石油总公司在比利时、荷兰、丹麦、意大利等国拥有炼油厂的股份或加油站。同时科威特石油总公司将石油销售业务扩展到亚洲的印度、巴基斯坦、泰国等国家。

科威特天然气储量为1.78万多亿立方米，占世界储量的1.1%。大多为伴生气，故开采量随石油开采的变化波动很大。科威特的天然气生产项目始于1976年11月，主要是建立高能设备，利用石油伴生气生产液化气及其派生物丙烷和丁烷，年生产能力为220万吨（丙烷占60%，丁烷占40%）。科威特未发现独立的天然气田前，大量伴生气往往放空燃烧或者被重新压回油井以保持油井压力，增加石油生产，天然气产量大受限制。1998年，科威特天然气产量为93亿立方米。科威特大量从伊拉克、伊朗和卡塔尔等邻国进口天然气，以满足国内发电和石化工业的能源需求。2006年3月，科威特宣布在其北部地区发现了储量达 35 万亿立方米的非伴生天然气田。2008 年 6 月,科威特石油总公司开始自产非伴生天然气,日产量为 1.75 亿立方米。

科威特的石化及其他化工工业由科威特石化工业公司经营。科威特石化、化工产品主要有盐、氯气、尿素、氮肥、乙二醇、聚乙烯等。在国际市场上,科威特生产的乙二醇、聚乙烯等产品因质优价廉而极具竞争力。科威特石化工业骨干企业主要是石化工业公司(PIC)及其与美国碳化物联合公司在 1997 年合资组建的 Equate 石化联合企业。该联合企业生产能力为乙烯 65 万吨/年,聚乙烯 45 万吨/年,乙二醇 35 万吨/年。

(二)其他工业

科威特在重点发展石油、天然气等石化工业的同时,强调发展多种经济,以减轻对石油的依赖程度。科威特政府还制定优惠政策,吸引各国政府和公司到科威特投资国内的非石油产业,允许私人资本参与国内经济建设,鼓励私营企业的发展。科威特还对发展民族工业给予保护性政策,其中包括对本地工农业产品给予关税保护,规定政府机构必须购买本国产品等,这些举措均在很大程度上促进了本国的工业,特别是非石油工业的发展。其他工业有制造业、建筑业、食品加工业、水力发电等。

独立初期,科威特的制造业几乎是一片空白,之后从小到大,不断发展,至今涉及建筑材料、化工、化肥、水泥、金属制品、食品加工、木材加工、服装和革制品、手工业品等。科威特的制造业大部分由国营部门经营,其余的由国家私人合营或者私营企业经营。制造业在国内生产总值中占重要比重。1989年，制造业在科威特国内生产总值中所占比重达到14.3%。海湾战争期间，科威特制造业遭到严重破坏，战后得到迅速恢复发展，目前，科威特制造业在国内生产总值中所占比重是13.3%。

20世纪70年代，由于大规模的基础设施建设，科威特的建筑业随之兴旺发展。20世纪80年代，由于国际经济衰退以及石油价格暴跌，科威特建筑业急剧衰退，直到1988年因能得到低息贷款，特别是私人住房的建设以及高速公路网的建设，建筑业又得到了快速发展。海湾战争后，大规模的基础设施重建工作促进了科威特建筑业的高速发展。据《科威特时报》2013年8月19日报道，到2013年底，科威特将有总额约160亿美元的项目开工建设，比2012年增长约60%。这些长期投资项目主要是医院和基础设施建设项目，将给科威特建筑行业和机械行业带来新的发展机遇。

科威特最著名的三大建筑承包商是：其一，阿赫玛迪亚（AHMADIAH），是科威特最大的建筑集团公司，有2500名员工，主要从事商业建筑、工业建筑、住房建筑和土木工程等，经营区域遍布中东地区；其二，霍拉菲（AL KHARAFI），是与阿赫玛迪亚不相上下的建筑集团公司，有4个子公司从事建筑业，在科威特和中东地区都很有影响；其三，阿噶尼姆（ALGHANIM），主要承建大型商业建筑和发电厂等工程，有比较强的管理和技术实力。受金融危机影响，科威特房地产市场陷入低迷，再加上2008年科威特政府限制私营公司从事房地产交易，科威特房地产交易额尤其是住宅销售额严重下滑。从 2009 年 6 月开始，科威特房地产交易额触底反弹，主要得益于银行贷款利率降低和市场信心增加。

科威特电力的发展起步于 1950 年。1952 年，建造了一个小型交流电厂，蒸汽轮机发电机组装备。1954 年，在舒威赫（Shuwaikh）建造了第一个发电厂，发电能力为 0.75 兆瓦。之后，政府陆续建立了舒艾巴北电厂、舒艾巴南电厂、多哈东电厂、多哈西电厂、佐尔南电厂、苏比亚电厂和祖尔北电厂等。截至 2009 年 8 月，境内电厂装机总容量达 12779 兆瓦。科威特发电燃料以天然气、液化气、重油和原油为主。科威特政府近年来对用替代能源发电非常重视，主要合作方为德国，境内太阳能和风能较丰富。

科威特电力主要应用于居家办公、工商业、农业和海水淡化等，人均用电量居世界前列。据统计，1998~2007 年，人均日耗电量为 34.8 度，即年平均耗电量约为 12700 度。日本福岛核电站事故后，科威特解散了国家核能委员会，停止了核能项目。2015 年，科威特投入 25 亿美元（约合 156 亿元人民币）用于发展电能项目。

科威特常年高温，气候干燥，天然淡水资源极度匮乏，目前只在北部的劳扎塔因和乌姆艾什地区发现两处含有少量天然淡水的区域，储量约为 1.83 亿立方米。20 世纪初，科威特居民在阴凉低洼处取地表雨水或浅层地下淡水饮用。自 1925 年开始，通过船只从伊拉克进口木桶装淡水。1951 年，科威特石油公司建立了一座小型海水淡化厂。1953年，科威特在舒威赫（Shuwaikh）建立了第一座海水淡化厂，这是海湾六国第一座海水淡化厂，日均产淡水100万加仑。此后，相继修建了一批大型海水淡化厂，日产淡水量达到2.16亿加仑。

为储存、监测淡水，科威特建有舒威赫水运行总控制中心，下设水厂子中心，对整个国家水配送进行管理和监测，配送管道、水泵如有问题，可随时发现。科威特建有三种蓄水容器，即自然流水蓄水池、泵抽蓄水池和水塔，分别储存淡化水和微咸水（低盐地下水），以备夏天用水高峰期用。科境内共有75个水塔，每塔可蓄水100万加仑，三五成组，高高矗立，成为科境内一道亮丽的风景线，尤其是科威特大塔（Kuwait Tower）最为著名，已成为科威特地标性建筑。

在科威特中部和西南部地区，存有较丰富的微咸地下水（低盐地下水）。科威特政府1953年开始开发利用微咸地下水，现已开发至少8个以上的水区，主要用于灌溉、景观绿化、家禽养殖、建筑、家居非饮用水以及按1∶9的比例与淡化水混合处理成饮用水。

目前，科威特在全国建有4个污水处理中心。科威特政府认为污水经三级处理后再利用是比较经济的，也是节水的重要途径，处理后的污水一般用于回流土壤、灌溉、景观绿化等。

三 农牧渔业

由于不利的自然环境、气候条件，科威特农业资源匮乏，可耕地面积约14182公顷，无土培植面积约156公顷，粮食不能自给，大部分依赖进口。农业从业人口1.4万多人，主要为外籍人。科威特最重要的农作物是马铃薯、西红柿、萝卜、黄瓜等蔬菜类；苜蓿、三叶草等青饲料；香瓜、草莓等果类。

科威特政府为了鼓励有志投身农业的人，以低租金向他们提供土地，花巨资修路和铺设电缆，在基础设施方面给予大力支持。

科威特政府斥资支持开垦荒地，并采取一系列措施，鼓励国民从事农业种植和投资农业。政府、银行不仅向农场提供大量优惠的贷款，引进先进的生产技术，提供水利资源和良种、化肥等一些重要的物资，还以极低的价格为农民建造塑料大棚和温室，并为农民购买灌溉设备提供无息或低息贷款。如果农民自己打井，政府还出资50%加以赞助。正是由于政府在人力、物力上的支持，一些农民借助水栽法、大棚温室栽培等各种新技术从事耕种活动，种植的黄瓜、西红柿、洋葱、芹菜等蔬菜和椰枣产量大幅度提高，不仅能满足本地市场的需求，有的还可向沙特阿拉伯、巴林和叙利亚等邻近国家出口。种植的花卉——兰花，已远销到荷兰、丹麦、德国和英国等国。一些较大规模的农业公司开垦沙漠，在广袤的沙漠中，出现了一个个庄稼婆娑起舞、瓜果满枝飘香的人造绿洲。如今，在苏莱比亚、瓦夫拉、阿卜代里等地到处可见规模宏大的农场。

科威特大力发展农田水利建设，建立了一套切实可行的农田水利灌溉系统，可确保农作物（主要是蔬菜）在遇到极端恶劣的气候条件下仍能实现相对的稳产。

科威特政府大力鼓励发展畜牧业,因此私营家禽养殖业和乳制品得到迅速发展。椰枣和柑橘类种植也很普遍。以经营畜、禽养殖为主的农庄占全国农庄总数的70%以上。牲畜主要有牛、羊、骆驼等,家禽主要有肉鸡、蛋鸡等。截至2010年,牲畜存栏数:牛3.5万头,绵羊46万只,山羊17万只。家禽3055万只。年产奶5万多吨,羊肉3000多吨,牛肉2600多吨。科威特还投资于海外的畜牧业,以保障国内鲜肉制品的供给。此外,每年还从澳大利亚、新西兰、中国、土耳其、巴西等国进口相当数量的活羊和家禽。

科威特渔业资源丰富,盛产大虾、石斑鱼和黄花鱼。科威特的大虾在美国、欧洲和日本很有市场。为了促进渔业的发展,1972年,成立了科威特渔业联合公司。该公司拥有一支可远行至印度洋、红海和大西洋的捕捞船队。1983年,科威特渔业的捕捞量为4000吨,基本可满足国内需求。1987年,科威特政府制定了20年的渔业发展规划。国家农业与渔业资源总局也拨款加强各种渔业基础设施的建设,促进渔业发展。1988年,科威特渔业捕捞量达到10796吨。但由于波斯湾海水遭到污染,科威特渔业也受到影响,目前,年捕捞量在1万吨左右,产值约1300万科威特第纳尔。

科威特以养殖世界上最精美的天然珍珠而闻名。珍珠养殖业曾为科威特的经济和社会生活做出巨大的贡献。目前,科威特仍有100多艘海上珍珠养殖船,占海湾地区珍珠养殖船的1/5。

四 交通与通信

科威特公路交通运输十分发达，拥有中东地区最现代的公路网。公路总长 4 万多公里，其中高速公路约 400 公里。根据科威特中央统计局的统计，截至 2014 年，科威特汽车保有量为 183.7 万辆，其中，私人汽车 140 多万辆，出租车 1.5 万辆，公交巴士 3 万辆。科威特普通居民家庭一般拥有 2~3 辆汽车，出行基本以自驾为主，公共交通系统不发达。公共交通只有科威特公共交通巴士（KPTC）和城市巴士两种，共有 37 条路线。在巴士站点一般没有详细的公交说明，只表明几号线会经过此站，但车内会有巴士路线图。公交车开行线路多集中在外来劳工聚居区及其务工地之间，道路上出租车也并非随处可见，出租车不打表计费，而是由司机和乘客商量而定，费用普遍较高，起步价一般为 2 第纳尔。科威特有许多租车公司。租车者必须持有国际驾照，并须支付 9 第纳尔在当地保险公司投保一个月。科威特承认其他海湾国家的驾照，但只持中国驾照者不能在当地开车。

科威特有三条国际高速公路分别通往沙特阿拉伯和伊拉克。一条是从科威特市向北延伸至伊拉克边界的科—伊国际高速公路，全长 118 公里，宽 24 米，为双向 12 车道。另一条是由科威特市向西延伸至沙特阿拉伯边境城市萨尔米的科—萨国际高速公路，全长 95 公里。还有一条是由科威特市通往阿卜杜拉港，再向南延伸至沙特阿拉伯边境城市努外依绥布的科—沙国际高速公路，全长 107 公里，双向

8~10车道。

目前科威特没有铁路系统,但正在积极筹划建设地铁系统来疏导交通,并使其成为海湾铁路网络的重要组成部分。科威特地铁系统将由160公里铁路、60个车站构成;4条线路遍及整个科威特城;65%的地铁线路处于地上;项目还包括一个中转站及若干电站和维护车间等。科威特地铁系统将分段建设,首期项目将包括50公里铁路、28个车站,30%工程处于地下。科威特地铁系统计划与阿布扎比和多哈地铁系统同步建设,三个项目预计将于2018年完工。

科威特航空业比较发达,其是国际航空运输协会和阿拉伯航空运输组织的成员国。科威特航空业由科威特航空公司(1954年成立)负责经营。海湾战争期间,科威特航空业遭受重创,15架飞机被毁。被占领期间,科威特航空的业务转场至巴林运营。战争结束后,科威特航空公司极积恢复科威特的航空业,截至2011年12月,科威特航空公司已通达26个国家的37个目的地。2014年,科威特进出港航班共计8.5万多架次,客流量达1000多万人次,货运量有18万多吨。2004年,科威特允许第一家民营航空公司——半岛航空公司经营国内外航线。半岛航空公司是一个采行"不退票"制度的廉价航空公司。2008年,另一家民营航空公司——wataniya航空公司也获得经营许可。目前,科威特没有直达中国的航班,一般要经阿联酋、土耳其、卡塔尔、泰国等国转机。

科威特国际机场于1979年建成,是科威特航空的枢纽机场，距市中心16.5公里，与高速公路相连，进出便利，全天候运营，有两条长3公里的跑道。科威特国际机场部分地方为穆巴拉克空军基地，科威特空军总部及科威特空军博物馆也位于此。科威特国际机场有通往中东、欧洲和亚洲的定期航班，可供世界上最大的飞机起降。此外，科威特还有两座军用机场。

科威特拥有理想的天然停泊港口，贸易船只几乎可以在该国所有湾口地区停泊。科威特的主要港口有科威特港、舒威赫港、舒艾巴港、多哈港、艾哈迈迪港等。科威特港口的管理和使用权由科威特港务总局负责。

科威特港位于科威特东部、科威特湾进口的南岸，濒临波斯湾，是科威特的主要港口之一。科威特港港阔水深，是天然良港，也是海湾地区唯一的免税港口。该港现有4个深水停泊处，来自各国的货物可经该港发散到全国各地。港区仓库面积达17.4万平方米，露天堆场面积达48.8万平方米，集装箱堆场面积达26万平方米，年货物吞吐能力约为6500万吨。主要出口货物为石油、天然气、化工产品、羊毛、皮革及珍珠等，主要进口货物有水泥、车辆、食品、建筑材料、机械设备及杂货等。逢节假日和星期五港口均不工作。

舒威赫港、舒艾巴港、多哈港为商港，集装箱码头集中在舒威赫港和舒艾巴港，多哈港供近海商船装卸货物。艾哈迈迪港、阿卜杜拉港、祖尔港为石油和碳氢产品装卸港口。舒艾巴港、艾哈迈迪港和多哈港三大港口年吞吐量730万吨左右。此外，正在规划建设的布比延港作为科威特北部的重要商用港口，将在未来对伊拉克出口或转口贸易中起到重要的作用。

为了满足石油及其附属产品出口的需求，科威特油轮公司于1979年实现了国有化，专门负责石油和天然气运输，并推行在原油出口中使用科籍油船的政策。1997年，科威特油轮公司共有油轮和商船202艘，排水量为198.4万吨。2002年，科威特油轮公司拥有37艘油轮和商船，总载重370万吨，年运输4亿桶原油和2.5亿桶成品油。

独立前，科威特邮政服务主要由英国控制。独立后，科威特邮政服务走向快速发展。20世纪80年代初期，科威特已与30多个国家建立了"蒙塔兹"优质邮政服务制度。1986年伊始，科威特邮政部门引进邮件自动分拣系统，选取5位阿拉伯数字作为邮政编码，分拣邮件的能力大为提升。

科威特第一套普通邮票发行于1958年2月1日。第一套纪念邮票发行于1960年2月25日，即科威特埃米尔阿卜杜拉·萨利姆·萨巴赫执政10周年纪念日。海湾战争后，为了庆祝科威特复国，科威特邮政部门先后发行了多种纪念邮票。

科威特信息产业的发达程度在海湾地区居第三位，仅次于沙特阿拉伯和阿联酋。截至2014年，科威特拥有固定电话50多万部，移动电话730多万部（用户）。

科威特互联网很发达，科威特互联网易接入指数与"互联网摩擦指数"均居阿拉伯国家第四位，仅次于阿联酋、卡塔尔和巴林，排在约旦、沙特和埃及之前。科威特互联网普及率已经达到62%,居海湾国家第二位,仅次于阿联酋的71%。

科威特目前有3家获得政府许可的互联网服务提供商(ISP)及多家ISP的分支机构。由于科威特通信部既控制着当地的电话业务,又把持着进出科威特的海底电缆与卫星通信,在通信行业缺少竞争,导致使用互联网的价格居高不下。

科威特电信运营商主要为Zain Group、Wataniya和沙特电信(STC)。科威特电信设备供应商目前主要是爱立信、诺基亚-西门子、阿尔卡特-朗讯、摩托罗拉、华为、中兴等。

目前,科威特是海地区湾唯一没有设立独立的电信管理机构的国家,科威特电信管理职能属科威特通信部,通信部同时运营固网。故此,科威特互联网提供商Qualitynet一直抱怨,当前的管理机制,制约了互联网的发展。科威特仍然在以铜线作为主要接入方式,而海湾其他国家早已实现了光纤到户。科威特政府正在规划成立独立的电信管理机构,这预示着科威特长达20年的电话业务私有化的计划有望得以实施。

五 对外贸易

对外贸易在科威特国民经济中占有重要地位,科威特所需要的生产资料和生活资料大多数依赖进口。出口商品主要有石油和化工产品,石油出口占出口总额的94%。进口商品有机械、运输设备、工业制品、粮食和食品等。科威特的主要贸易对象是美国、日本、英国、韩国、中国、印度、意大利、德国、荷兰、新加坡等。据统计，2015年科威特外贸总额为869亿美元，其中，出口额为550亿美元，进口额为319亿美元；外汇储备为289亿美元。根据科威特中央银行统计，2015年科威特的主要进口国是美国（占进口贸易额的10%）、中国（13%）、沙特阿拉伯（8%）、日本（6%）、德国（5%）、法国（4%）和印度（4%）等。主要出口国是韩国（占出口贸易额的15%）、印度（12%）、日本（10%）、中国（12%）、美国（7%）、巴基斯坦（6%）和新加坡（4%）等。

科威特工商部主管贸易方面的事务。科威特工业总署负责进口商品质量标准及检验。科威特市政厅下辖的进口食品局负责抽查进口食品质量。科威特制定了《贸易公司法》《公共招标法》《外国直接投资法》《自由区法》《商业代理法》《合营公司法》《补偿计划》《所得税法》等对外贸易的法规和政策。

科威特禁止进口的产品有：麻醉剂、酒精饮料及其原料、气枪、猪肉及含猪肉食品、色情和反政府材料、5年以上旧车、具有核辐射的产品、废旧轮胎、工业废物、赌博用具、石棉管、面粉、工业和医药用氧气、浇铸铁、焊管等。限制进口的产品有：烟花鞭炮、马科动物、盗版制品、武器弹药、部分药品、爆炸物等。同时，科威特禁止从以色列进口产品，也禁止从其他国家进口以色列生产的商品。

科威特整体关税水平较低，自2003年1月1日起，根据海湾关税同盟的规定，科威特将一般商品的进口关税统一为5%（CIF价），对少数产品征收较高的关税（如对香烟、烟草制品和各种酒精饮料征收高达100%的关税），而对于食品、生活必需品、药品以及新设企业所需进口的机械设备免征关税，对来自海湾合作委员会成员国的工业产品及部分农产品给予免关税待遇。另外，科威特是WTO成员，根据规定，从2004年起，科威特取消了所有与WTO原则相悖的关税和保护性措施。

科威特对外贸易通常采用现汇贸易和转口贸易方式，支付方式主要是以信用证结算。科威特政府规定，所有进口商品都必须向工商部申请许可证，领取进口许可证后要在科威特工商部进行登记注册，进口许可证的有效期通常为1年。进口商必须是科威特本国居民或全部合伙人均为科籍居民的公司。外国公司只能通过科威特的代理商、科威特中间人，或科威特批发商向科威特进口商品。

六　财政金融

石油是科威特财政收入的主要来源，90%以上的财政收入来自石油，因而国际市场油价的涨跌、石油收入的多少直接影响科威特财政收入的盈亏。科威特财政支出中，消费性开支始终居高不下，工资和转移支付（军费和补贴）占83%左右，发展建设预算仅占8.9%。科威特财政赤字曾连年不断，截至1999已连续14年，累计赤字239.1亿科威特第纳尔（折合785.53亿美元）。自2000年以来，随着石油和非石油收入的快速增长，科威特财政收支和国际收支盈余显著增加。据《科威特时报》报道，2013~2014财年，科威特实现财政盈余129亿第纳尔。目前,科威特财政收入的20%用于补贴,每年总支出额超过160亿美元。燃料及生活用品都以低于市场的价格销售,此外,居民还可以获得住房、食品、医疗和教育方面的额外补贴,公职人员更是享受高工资及各种福利。科威特政府正酝酿逐步缩减政府补贴,以减轻财政压力。

根据科威特法律,政府每年将财政收入的10%划拨到未来基金中,用于公共建设等方面的开支。

2014年2月,据《沙特公报》报道,科威特内阁通过了2014/2015年度财政预算,预算赤字为57亿美元:新预算支出预计为766亿美元,收入为709亿美元。石油收入预计为666亿美元,占财政收入的94%。石油收入按每桶75美元的价格计算,比上年每桶增加5美元,日产量按270万桶计算。

科威特奉行税收法定的原则,在其宪法中明文规定:"不根据法律,不得规定任何个人税或财产税。"科威特属于低税负国家,其税收只占国家财政的5%左右。该国对本国居民除征收2.5%的宗教税外,不再征收个人所得税和其他税赋。科威特公司不用交纳企业营业税,但在科威特股票交易所上市的企业,必须将其收入的2.5%捐给科威特科学发展基金(KFAS)。国家雇佣法规定对科威特企业征收2.5%的附加税,该税用来支持在私营部门工作的科威特人获得与政府工作人员相同的社会和家庭津贴。科威特对外商投资企业和合资企业征收外资股份利润税。目前,科威特已将外资利润税由55%削减至15%。

科威特货币为第纳尔（简称科第），1第纳尔为1000菲尔斯（Fils），可自由兑换。科威特政府于2002年底决定，从2003年1月1日起，科威特第纳尔与美元直接挂钩，以适应海湾合作委员会国家货币统一进程的要求。2007年5月20日，科威特第纳尔汇率价格由单独与美元挂钩，改变为与一揽子货币相联系制度。第纳尔共有硬币与纸钞两种货币形式，其中1菲尔目前已不再流通，而面额最大的是20第纳尔的纸钞，是世界上单价最高的货币单位。2014年，第纳尔实际兑换美元的平均汇率为1美元兑换0.280科威特第纳尔。人民币与科威特第纳尔不可直接结算。

科威特独立后即开始建立本国金融体系，20世纪80年代早期科威特金融部门发展迅速，科威特的大多数大型银行都是在20世纪七八十年代成立的。1982年，马纳赫证券市场的倒闭、两伊战争、油价下跌以及后来的伊科危机、海湾战争，令科威特银行业和股票市场困难重重，外汇市场曾一度关闭。自20世纪80年代中后期以来，科威特政府加强了对金融市场的控制和监管，科威特金融部门发展趋于平稳。尽管受国际金融危机影响，科威特的金融体系却并未出现系统性风险。近年来，科威特金融活动逐渐东移，科威特与中国金融机构间的合作日益增多。

科威特是世界银行所属的重建与发展国际银行、国际开发组织、国际金融公司和多边投资担保机构的成员。科威特金融体制总体上比较封闭，政府认为银行部门具有战略意义，需要政府加以保护。科威特中央银行是科银行业的监管调控机构，从2004年，其起有权干预各银行的董事任命和指控银行违法。2004年,科威特允许外国银行在科建立分支机构,但外国银行在科威特设立分支机构之前必须得到科威特中央银行的同意。外国公司在科银行业中拥有的股权不能超过49%,外国公司不能涉入保险业。如果希望持有一家银行50%以上的股份,必须事先获得内阁(听取中央银行的意见后)同意。外国银行必须遵守1968年第32号法案,即《关于货币、科威特中央银行和银行业务组织法》,以及科威特中央银行为防止银行出现疏漏和对其监管所颁布的指示和决议,及所有相关法律和规定。近年来,科威特的银行部门出现与海湾地区银行业整合的趋势。2005年以来,科威特国民银行购买了卡塔尔国际银行20%的股权,巴林的阿赫里联合银行对科威特的中东银行进行了控股。

科威特对外汇管理实行开放政策,允许经常账户和资本账户项下外汇自由兑换。现金与资本账户可在科威特境内的任何一家银行或"钱庄"自由兑换,可无条件交易。股票、贷款、利息、利润以及个人存款可不受任何限制地转入或转出科威特。根据新的《外国投资法》规定,投资者也可将其投资的全部或部分资产转让给其他外国或本地投资者。外国公司在科威特进行贸易与项目融资的渠道很多,只要外国公司提供其财务报表或者有信誉良好的银行做担保,就可以直接获得科威特银行融资的便利。外国公司通过当地的代理商,也可以获得融资。除此之外,外国公司还可以通过当地一些资信良好的代理,例如投资公司或银行,以公司的名义在科威特发行第纳尔债券。当然,要发行债券，不仅要提交该公司的财务状况和一份市场调查报告，而且要经过科威特中央银行的批准。

科威特金融体系主要由银行业、保险业、资本市场（证券交易所）等组成。科威特除中央银行外，共有19家银行，主要是科威特国民银行、海湾银行、阿赫利联合银行、科威特中东银行、布尔干银行、科威特商业银行、科威特国际银行、科威特投资银行、贾比尔伊斯兰银行、科威特工业银行、科威特金融公司和Boubyan银行。这些科威特银行除了经营传统的银行业务，如存款、旅行支票、信用卡、货币交易、汇款等之外，还能给外国公司和个人提供融资方面的协助与支持。科威特各商业银行发行不同种类的信用卡。我国与国际知名公司合作发行的信用卡可在科威特使用，如Visa、Master和American Express。此外，科威特还有外资银行分行8家。美国《环球金融》杂志评选出2013年度全球50大最安全银行，科威特国家银行名列第35位，在海湾地区银行中名列第2位。

科威特中央银行于1969年6月30日成立，总部位于科威特市。其职责和主要任务是稳定和发行科威特第纳尔货币、控制信贷政策以协助社会和经济发展、协助国家收入增长、控制科威特银行系统、月度和季度的货币统计、向政府提交经济报告等。

科威特国民银行成立于1952年，是科威特最早的本土银行，也是科威特和海湾地区第一个股份制的和发行欧元债券的银行，总部位于科威特市。科威特国民银行是科威特最大的金融机构，在商业银行市场占据着主导地位。其在科威特拥有67个分行,在日内瓦、伦敦、巴黎、纽约、新加坡、中国、黎巴嫩、约旦、伊拉克、埃及、巴林、伊拉克、卡塔尔、沙特阿拉伯、阿联酋和土耳其等世界各地拥有105家分行、子公司或代表处。截至2010年,科威特国民银行收入为22.1亿美元,营业收入为17.7亿美元,净收入为10.7亿美元。2011年,科威特国民银行信誉等级位列阿拉伯国家银行之首,被《环球金融》评为2011年度中东最佳新兴银行。同时,科国民银行也获得过国际三大评级机构——"穆迪"、"标准普尔"和"惠誉国际评级"的地区最高级别认定。

科威特工业银行于1973年由科威特财政部、科威特中央银行和其他大型地方工业企业联合成立,本金2000万科第。它为科威特现代化工业和农业企业提供中期和长期融资及贷款,还提供全方位的商业银行财资产品,以满足其工业客户的营运资金需求。2012年,科威特工业银行资产值为23亿美元,位居海湾国家银行资产排行第48位。

海湾银行成立于1960年。海湾银行在科威特拥有51家分公司,主要客户为消费者、企业、财政部和国际银行。截至2013年6月底,海湾银行的总资产为50.1亿科第(约合176亿美元),存款余额为40.79亿科第,股东权益总额为4.66亿科第。2012年,海湾银行被《银行家》杂志评为科威特最好的银行。曾被《中东银行家》评为"最佳风险管理""最佳本地银行""最佳零售客户服务"等奖项,连续3年被《亚洲银行家》评为"科威特最佳零售银行"。

科威特商业银行成立于1960年,是科威特历史最悠久的银行之一,在科威特拥有48家分行。科威特商业银行为政府、企业和个人提供创新的金融和投资解决方案,还负责零售银行业务的大型项目融资,例如科威特电力,建筑基础设施项目。科威特商业银行通过当地分行网络,为客户提供丰富的先进银行服务,最大限度地满足所有客户对金融和投资的需求。其远程服务和网上银行都采用最新的电子技术,为客户送去便捷的银行服务,广大客户只需要通过网站、电话座机、手机、互联网和自动存款机就可以享受到贴心的服务。2012年,科威特商业银行资产值为130亿美元,位居海湾国家银行资产排行第26位。

布尔干银行成立于1975年,本金7430万科第,准备金7810万科第。布尔干银行是中东和北美地区开展金融和商业活动业绩突出的银行之一。2010年,布尔干银行作为科威特充满活力和快速发展的银行之一,获得了JP摩根颁发的质量认可奖。2012年,布尔干银行资产值为212亿美元,位居海湾国家银行资产排行第17位。

科威特的银行中既有世界级的绩优股,也有经营状况很差的银行,情况各不相同。总体说来,科威特银行业资本充足,经营稳定,风险管理水平较高。2012年,科威特金融机构(KFH)、科威特国际银行、阿赫利联合银行和Boubyan银行,即依照伊斯兰教义运营的4家银行在发展方面实现了质的飞跃。截至2012年6月底,这4家银行的资产总额约为196.8亿科第。

科威特保险业在国内生产总值中所占比例不大,一般占0.2%左右。据科威特工商部保险司的一项统计显示,至

2009年，在科威特登记注册的保险公司为34家，其中，本地保险公司22家、阿拉伯国家保险公司7家，还有其他几家外国保险公司。另外，科威特境内还拥有保险代理点150个。在22家本地保险公司中，有7家为一般保险公司，12家为保险和再保险公司，2家为境内再保险公司（贸易再保险）以及1家人寿险公司。本地保险公司占据了科威特保险市场87%的份额，阿拉伯国家和其他外国保险公司占据13%的市场份额。1990年科威特保险业收入660万科第，1992年保险业收入1090万科第，以后逐年递增。2008年，科威特保险市场保险总值1.804亿科第，比2007年增加8.1%，其中，本地保险公司保险总值为1.527亿科第，占84.2%，阿拉伯国家保险公司保险总值为0.1亿科第，占5.8%，其他外国保险公司为0.176亿科第，占9.8%。

科威特股票交易所在20世纪50年代中期就已经出现，但规模较小。20世纪80年代初期，其规模已居世界第8位，成为海湾地区的股票交易中心，是继沙特阿拉伯的NCFEL股票交易所之后，阿拉伯世界中第二大交易所。1990年8月，科威特股票交易所首次向国外公司开放。海湾战争结束后，科威特股票交易所重新开张，到2002年6月，共有资本320亿美元。2000年8月，科威特议会颁布了《外国资本直接投资法》，允许外国投资者拥有上市公司10%的股份。同时，科威特中央银行也同意外国投资者拥有科威特银行中5%以上的股份。目前，科威特股票交易所共有200多家当地和外国公司上市，其中，有一半的上市公司是投资公司。科威特政府还为妇女开设了专门的股票交易场所，是世界上首家专门面向妇女的股票交易所，以鼓励科威特女性进行股票交易，在投资方面起到了积极作用。

随着石油收入增加、股市对外开放，科威特国内的证券交易开始活跃，股票价格指数从2002年的2375点上升到2007年的12469点。受全球金融危机的影响，科威特股市2008年的交易额为1160.2亿美元，收盘股指7782.6点，年跌幅度38%，资本额1135.3亿美元。其中投资业损失最大，其指数下降了53%；排在其后的是食品业、房地产业和制造业；而受损较低的行业是银行业、服务型企业和保险业。为避免股价进一步下跌给投资者造成更大损失，2008年11月13日，科威特股票交易所接法院命令后暂停了股票交易，但未能止住下跌趋势。2009年初，科威特股市的八大行业指数中，银行业指数损失最重，投资型指数损失为19.5%。自2009年3月底以来，股市在探底之后逐渐复苏，但复苏进程在海合会国家中最慢。2009年，科威特证券交易所（KSE）现金流量为852亿科第，缩水降幅达38%。科威特证券交易所（KSE）科籍投资方约占成交总量的93%，海湾及其他外国投资方占比7%。2010年初，科威特批准了有关资本市场法案，以提高本国股市对外国投资者的竞争力，特别是提高对阿联酋、沙特阿拉伯和巴林等邻国股市的竞争力。2010年，由于投资者市场信心恢复、石油价格上升并稳定在每桶70美元以上、各大国经济体的复苏、国际金融市场的良好表现，以及这些市场上大部分上市公司运营状况明显改善，科威特股市继续回暖，股市市值从2009年年底的1042亿美元，上升到1249亿美元，增长了19.8%。但是，自2010年底以来，发端于突尼斯的中东地区政局动荡导致地区局势紧张，许多投资者担心动乱危及证券市场，纷纷开始减仓，并从海湾市场和阿拉伯市场上抽身，使包括科威特在内的阿拉伯证券市场总体损失很大。

七　吸引外资和对外投资

科威特欢迎外国直接投资，科威特工商部负责外国直接投资事宜，并成立了科威特外资管理办公室，制定了《吸引外国投资法》。同时，为吸引外资，科威特还设立了自由贸易区，并将向外国公司征收的利润税税率从55%大幅削减为15%，以加大吸引外资的力度。科威特确定的引资重点领域均为高科技领域，如电子网络建设、电信、环保、先进的石油技术等。据统计，2015年，科威特吸引外资2.93亿美元，比上年下降约70%。截至2015年底，科威特吸引外资存量为146.04亿美元。

由于国内资金富余，科威特发展了大量的投资公司和投资基金。2009年，科威特有国家投资局（KIA）和100家投资公司、112家投资基金公司和38家交易公司。

科威特是对外投资和国际资本市场上的重要国家之一，是海湾地区最早进行对外投资的国家。在科威特国内生产总值中，对外投资收入在石油收入之后居第2位。

科威特官方经营对外投资的机构有投资总署、科威特石油公司、科威特阿拉伯经济发展基金会、社会保险总公司、科威特航空公司等。科威特民间经营对外投资的机构主要有 3 家专业银行、7 家商业银行、38 家投资公司和若干基金会，其中部分银行和大型投资公司有政府控股、参股或持股，同时通过信托、委托和基金等方式聚敛社会游资从事国内外投资活动。科威特主要对外投资对象是美国、德国、英国、法国、瑞士、荷兰等发达国家以及中国等发展中国家。科威特主要对外投资形式是股票、房地产和银行存款等。从 1962 年 1 月至 1999 年 6 月，科威特阿拉伯经济发展基金会已向世界 91 个国家提供了 563 个项目贷款，总额 96.46 亿美元，另外还向 8 个国际机构和 16 个地区组织提供技术援助和赠款 9.67 亿美元。从地区分布看，向阿拉伯国家提供的贷款占 54.9%，向远东和东南亚国家提供的贷款占 20.6%，非洲国家占 17.5%，拉美加勒比国家占 1.9%。2004 年，科威特阿拉伯经济发展基金会对外援助性贷款 16 笔，贷款总额为 3.01 亿第纳尔（约为 10.234 亿美元）。在上述贷款中，能源电力项目贷款所占比重最多，其次分别为饮用水项目、卫生项目、交通项目、农田水利项目，分别占贷款总额的 44%、23%、23%、4%。

科威特对外投资始于 20 世纪 70 年代，20 世纪 80~90 年代，科威特对外投资累计达 464 亿美元。海湾战争前后，科威特对外投资有所减少。1994 年以后，又逐步恢复了对外投资活动。受油价暴跌和世界金融危机的影响，科对外投资活动受挫。随着世界石油价格增长，科威特对外投资活动迅速发展，对外投资收入递增。2012 年，科威特对外投资额约在 370 亿美元，主要目的地是美国和欧洲。

科威特与以下国家签署了投资协定或者投资协议：德

国、法国、意大利、俄罗斯、中国、罗马尼亚、波兰、匈牙利、土耳其、马来西亚、瑞士、马耳他、法国、埃塞俄比亚、克罗地亚、塔吉克斯坦、奥地利、保加利亚、哈萨克斯坦、摩洛哥、蒙古国、捷克、巴基斯坦、约旦、丹麦、比利时、荷兰、泰国、乌克兰、拉脱维亚、立陶宛、利比亚、波黑和印度。科威特还是多边投资担保机构的成员。

八 对外援助

科威特政府重视对外援助,是阿拉伯世界对外援助的先驱,并把对外援助作为其发展对外关系的一个重要手段。科威特的对外援助主要由科威特阿拉伯经济发展基金会和阿拉伯经济和社会发展基金会(总部设在科威特)等相关基金会负责。1961年成立的科威特阿拉伯经济发展基金会,代表科政府向发展中国家提供财政和技术援助,资助发展中国家基础设施项目的开发与建设。科威特对外援助的对象大致可以划分为三个层次:首先是阿拉伯国家,其次是伊斯兰国家,最后是发展中的亚非拉国家。科威特的对外援助也主要以三种形式进行:一是贷款方式;二是政府直接援助;三是由科威特阿拉伯经济发展基金会和阿拉伯经济和社会发展基金会执行的援助。科威特每年大体用其国内生产总值的3.8%来援助发展中国家。科威特最先援助的是中东地区的约旦、叙利亚、埃及等国家和巴勒斯坦解放组织等,具体工作由科威特阿拉伯经济发展基金会负责。两伊战争期间,获得援助最多的是伊拉克,大约为130亿美元。与此同时,科威特的援助对象逐渐向其他伊斯兰教和亚非拉国家扩展。海湾战争后，科威特的对外援助主要采取政府直接援助的方式。科威特还是一些阿拉伯国家和欧佩克援助组织的成员，也向国际货币基金组织和世界银行提供资金。据科威特《政治报》2015年10月24日报道，自1961年成立以来，科威特阿拉伯经济发展基金会共向103个发展中国家提供了180亿美元的政府优惠贷款，用于这些国家的发展项目，并提供技术援助、项目可行性研究以及与项目有关人员的培训。这些贷款的50%以上面向阿拉伯国家，主要涵盖交通、能源、教育、通信、水利、农业、医疗卫生等多个领域，旨在帮助这些国家消灭贫困，创造就业，完善基础设施，改善社会服务，提高这些国家人民的生活水平。1998年，正值中国人民抗洪救灾的紧迫时刻，科威特政府曾向中国捐款300万美元，这是该年中国抗洪救灾期间收到的最大一笔外国政府捐助。截至2014年5月，科威特阿拉伯经济发展基金会在发展中国家为860个项目提供贷款51.97亿科威特第纳尔（约合185.6亿美元），为313个项目提供赠款和技术援助1.34亿科威特第纳尔（约合4.7亿美元）。

第三章 民族、民俗与宗教

第一节 人口、民族、语言

根据科威特民政信息总局最新数据,2015年科威特人口总数为423.90万,其中科威特籍人口为130.76万,约占总人数的31%;外籍人口293.41.6万,约占总人数的69%。

科威特籍公民全部属于阿拉伯民族。

科威特被称为"外侨之都",外籍侨民主要来自印度、埃及、孟加拉、叙利亚、巴基斯坦、菲律宾、斯里兰卡以及欧美等国家,他们多在商业、服务业、家政和教育行业就职。据科威特《消息报》2016年5月19日报道,目前科威特共有260万名有合法居留身份的外国人,其中印度人88万,埃及人58万,菲律宾人23万,孟加拉人19万,叙利亚人15万,伊拉克人15万,还有不少来自巴基斯坦、菲律宾和斯里兰卡等国家的人。科威特政府已经采取措施,尽量减轻国家对外来人口的依赖程度。政府和国家的要害部门均由科威特籍人任职。在科威特的华人有1000余人,多数从事贸易、餐饮等工作,少数在研究教育机构、国际公司或当地公司任职,或者从事体育教练、护士等工作。

科威特官方语言为阿拉伯语,通用语言为英语。

第二节 风俗礼仪

科威特人属阿拉伯人,科威特是传统伊斯兰教国家,伊斯兰教为国教,伊斯兰教法渗透科威特社会生活的各个方面,并影响着人们的日常生活。故此,科威特仍保持着浓厚的阿拉伯民族及伊斯兰文化的风俗礼仪。

科威特人的服饰与海湾地区其他阿拉伯国家居民的服饰基本一样。男士多身着白色(冬季为深色)长袍,头戴白色绸纱巾,内衬针织镂花小白帽,头巾的两端垂于胸前,头巾的上面套着用双圈黑丝绳做的头箍,以保持稳定。身披斗篷式黑色外套。脚踏凉鞋,不穿袜子,正式场合亦如此。妇女的服装分为家里穿和外面穿两种,在家里喜欢穿色彩艳丽的阿拉伯锦袍,佩戴各种金银首饰,身洒名贵的法国香水。外出时则外套一件叫"阿巴耶"的黑绸袍,从头到脚遮得严严实实,只在眼睛处留下像针织透风的"网眼",不管天气多么炎热,也不会撩开外衣。

随着社会现代化的发展和西方文化的影响,如今,科威特越来越多的年轻人平日更喜欢穿牛仔裤和流行时装,穿传统阿拉伯长袍的年轻人越来越少。许多年轻姑娘也不再穿黑绸袍,而是穿戴英国、法国、意大利式样的时髦服饰,头扎白色丝绸头巾等。来自欧美的名牌服装店在科威特越开越多，大幅的服饰、化妆品广告满目皆是。追求自由、体现个性，在科威特已成为时尚。但科威特仍禁止妇女穿着吊带衫、超短裙等暴露服饰外出。非穆斯林女性在科威特生活、工作，着装也要避免过分暴露。

科威特饮食严格按照伊斯兰教法的规定进行，禁止输入、贩卖和饮用各种酒类及猪肉，不吃自死畜禽的肉及动物的血等。科威特人的传统食物是手抓饭，把羊肉、葡萄干与饭拌在一起，用手抓着吃，味道极为鲜美。科威特人习惯生吃蔬菜，洋葱、韭菜、大葱这类辛辣的菜也是洗洗就吃。科威特人爱吃甜食，喜欢喝加了牛奶、糖、柠檬的红茶或绿茶以及咖啡等饮料。鱼是科威特人的重要食品，祖贝德鱼最受欢迎，并被认为是世界上味道最鲜美的鱼种之一。在科威特，许多家的墙上都挂有祖贝德鱼的画片，并常以此为骄傲。科威特人也喜欢吃中餐，他们把中餐视为世界上最好吃的饭菜之一。他们用餐时习惯席地而坐，用手抓饭吃。近年来受外界的影响，很多人在就餐时也开始使用饭桌和椅子。

在科威特烹饪中，以羊肉为原料的菜系最负盛名，其中沙维马和八奇最为科威特人喜爱。沙维马是把羊肉切成薄片，置于竖式的电烤炉上，慢慢旋转使其受热均匀，这样制做，可以让肉的外层油脂欲滴，内层鲜嫩可口。食用时，厨师用刀把烤好的羊肉切下，配以沙拉酱、葱丝和小菜，夹在阿拉伯大饼或面包里供客人食用。沙维马非常适合宴请和招待会，深受宾客喜爱。八奇是阿拉伯人生活中必不可少的一道大餐，是将羊腿、羊脑、羊蹄、羊肺、羊心等放在一个大锅里加香料后长时间炖煮,直到羊肉软化,油脂溢出。客人可以根据个人喜好指定要某一块肉,之后用阿拉伯大饼夹之,配以柠檬、洋葱等食用。

每年伊斯兰教历9月,是穆斯林最神圣的斋月。依据伊斯兰教规,在斋月中,全世界的穆斯林,凡已成年且身体健康者,均应全月"封斋"。斋月期间,科威特禁止在公众场合抽烟、饮水和进食,违者将被拘禁至斋月终为止。公私机构多半仅工作半天。商店仅上午营业,直到太阳下山后再营业至午夜。斋月13日、14日、15日三天夜里,科威特儿童们身穿漂亮衣服,脖子上挂着小布袋,手提灯笼,挨家挨户地唱儿歌"基尔吉安",祝愿斋月快乐、吉庆。斋月结束前三天,虔诚的科威特穆斯林通常要在清真寺举行告别斋月仪式,邀请有名望的诵经者到寺内诵读《古兰经》。

科威特婚姻观念渐变,一夫多妻颇受冷遇,目前年轻人多为一夫一妻。科威特青年男女的婚事必须由男女双方的父辈包办,由媒人说合而成。订婚后男女才能"自由"来往,互通电话,女方可在"护花天使"的陪同下与男方出外游玩、交谈。在相互了解中,如果感到不满意,任何一方都可提出退婚。若两情相悦,则大婚在即。婚礼通常在新娘家举行,一般要持续七天左右,故有人称其为"马拉松式"的婚典。婚礼当天,穿戴一新的男宾客通常腰里挂着刀,显得十分英武。家长陪着客人喝咖啡、聊天、打趣。最后,客人向新郎道喜,尔后告辞。宾客走后,新郎和新娘方可见面。有的婚礼在帐篷里举行,男女宾客分在不同的帐篷中庆祝。男宾在主人带领下排成一行,先进行祷告;接着,敲响手鼓,在领舞者的带领下,人们手拉手、肩并肩排成两排,伴着有节奏的鼓点,对唱、对跳起来。孩子们则穿行在跳舞的人群之间嬉戏,整个场面十分热闹。

新婚的翌日清晨被称为"苏布西亚",新婚的丈夫要送给妻子礼物——金币、首饰等。婚后第三天被称为"赛利赛",由岳父、岳母出面邀请新婚夫妇、亲家及其亲友。宾主们载歌载舞表示庆贺,祝愿新郎新娘幸福健康、多子多孙、白头偕老。婆婆亲吻儿媳表示欢迎,客人们拿出送给新娘的礼物,然后告辞。婚后第七天被称为"蒂哈瓦勒",新婚夫妻在众人簇拥下回到丈夫的父母家。科威特严禁未婚同居等行为。不论任何国籍人士,未婚先孕者,子女均得不到合法认可,很难取得出生证明。由于婚后妇女通常没有经济收入,科威特政府为保护妇女权益,主张妇女在婚前与男方谈好生活费用这一项。目前,许多明智的女方家长都在订婚前把这一项作为条件向男方提出,从而得到法律保护。

科威特人的丧葬严格遵循伊斯兰教法,实行土葬,主张薄葬、速葬。若新婚不久,亡人的妻子必须遵守"伊达",即在丈夫死后的4个月零10天内,不得见直系亲属外的其他男人,以确定其是否怀孕;之后,亡人的妻子去海里洗澡,寓意重获自由之身。

科威特人喜欢赛骆驼和养鹰、放鹰及赛鹰等。科威特人的放鹰一般在夏季,这时,养鹰人带上自己精心饲养的鹰离开城市,到南部沙漠去。鹰的价格昂贵,有的可高达

3000第纳尔。因此,只有富有的人才能养鹰,有时,为了物色到上好的鹰,他们不惜远程旅行,到世界各地去花重金购买。如果送给科威特人一只好鹰,那可算是极为昂贵的礼物了。

科威特是礼仪之邦,人们热情好客,待人诚实,非常讲究礼貌。科威特人之间,见面行握手礼、拥抱,甚至亲吻。但这些礼节只限于同性之间。科威特妇女一般不见男客,不在有男宾出现的公共场合露面。穆斯林认为,只能向安拉鞠躬、低头,因而在科威特没有见面行鞠躬或低头礼的,即使国民见到埃米尔也不鞠躬、低头。公共场合禁止过分亲密等有伤风化的行为举止。

科威特人喜欢慷慨解囊招待客人,倾其所有,千方百计地让客人感到高兴满意,日后还来做客。科威特还流行一种特殊的待客习俗:当远方的客人即使是陌生人来到家里时,主人必须让客人在家中留宿三天以上,并天天以丰盛的饭菜招待客人。三天之内,主人既不问客人的姓名也不介绍自己的姓名。招待客人吃饭,哪怕只请一个客人,也要准备三个人以上的饭菜,不能出现饭后盆干盘净的场面,剩下的饭菜要比吃掉的多,以显示主人对客人的慷慨、大方。

科威特宴请一般的客人都在大饭店吃西餐,宴请亲近要好的朋友,则请到家里吃饭。到科威特人的家里做客,主人送客前要为客人熏香。主人拿一盏铜制香炉,炉内放有火炭,炭上放着的檀香木冒出扑鼻的香味。客人一只手将自己的衣襟撩起,另一只手将香烟轻轻地扇入怀中。最后,主人把香水倒在客人的手上,客人把手上的香水涂到自己的脸上和脖子上。

到科威特朋友家里拜访、做客，应按事先约定的时间抵达，不要早到或迟到。若因故迟到，要向主人讲明原因，表示歉意。特别要注意不能直接闯入朋友的家中，哪怕你与朋友非常熟悉，或者门原本就是开着的，也要先敲门。见面可称男主人为先生，称女性为太太或小姐。科威特人同客人见面要握手、拥抱、亲吻，以表示关系亲密。行拥抱和亲吻礼也是有讲究的，表达的方式很多：普通百姓见到埃米尔（国家元首），吻其双肩，对他肩负祖国重任、治理国家表示尊敬和爱戴；亲朋好友相见，相互亲吻对方左右面额，按右、左、右的顺序亲吻三下，亲吻时，嘴里发出"叭""叭""叭"的亲吻声，显示心情激动或亲密无间；家庭成员或同一家族里的人见面，相互亲吻对方的前额。以上这些见面礼仅限于男性之间。科威特女性可出席有男宾参加的公共活动，在家里一般不见男客。男女见面互相点头致意，最热情的方式也只能行握手礼。

客人进入室内，要主动问候主人家中的人，有子女在场，要主动与他们握手，对年幼的孩子还应亲抱一番，表示出自己的热情与喜爱。对于家中饲养的猫、鹰等宠物，不要显示出害怕、厌恶的表情，更不要用脚踢这些动物。在主人邀请之下坐到指定的位置上，主人送上来的加糖红茶及咖啡，要双手接过，说一声谢谢，并要尽量喝掉。交谈中客人对主人要使用礼貌语言，如"您好""谢谢""打搅了"等；说话时不要用手指头指人，不要拉拉扯扯，不要唾沫四溅，态度要诚恳，讲话要得体。同时，客人不得随意翻动主人的摆设物品,尤其是非穆斯林客人,不宜触摸科威特朋友家中的《古兰经》。若主人邀请客人一同进餐,客人绝对不能伸出左手去接取或抓取食物,在穆斯林的风俗中,左手被视为不洁之手,因为穆斯林在冲洗清洁时,都是用左手进行,所以在进食时,左手就要回避了。

在科威特,接到参加婚礼的请柬,一定要出席。因故不能出席,必须事先告知主人。无故缺席,会被视为失礼的行为。

在科威特家喻户晓,且是科威特男性特有的社交活动场所是"迪瓦尼亚"。与友人在"迪瓦尼亚"品茶聊天是当地人日常生活的重要内容,也被认为是当地社会生活的重要组成部分。"迪瓦尼亚"原意是"客厅",早期是渔民闲时交换渔情、天气和聊天的场所。自20世纪80年代以来,"迪瓦尼亚"已成为科威特社会商业和政治生活的中心。各家族举办"迪瓦尼亚"的时间,均会在报纸上公布。除名流显贵、女强人举办的"迪瓦尼亚"外,一般均无妇女参加。"迪瓦尼亚"一般分为私人、公共和家庭三类。私人"迪瓦尼亚"是较为亲密的朋友间的聚会,公共"迪瓦尼亚"每周固定时间对外开放,家庭"迪瓦尼亚"是较为显赫的家族用于接待贵宾的场所。在科威特,如果初次见面的当地人热情邀请你去他的"迪瓦尼亚"做客,就表示他愿意和你进一步交往,同你交朋友。公共"迪瓦尼亚"一般在工作日的晚上开放。每当夕阳西下,店员便开始在"迪瓦尼亚"里忙碌,为客人准备红茶、咖啡、水果、水烟、椰枣和点心等。到"迪瓦尼亚"做客并没有迎来送往的礼节,

第三章　民族、民俗与宗教

走进"迪瓦尼亚"时，人们通常会与在座的宾朋寒暄，但离开时通常不会一一告别，以免打扰其他人的谈话。人们在这里谈论的话题五花八门，从政治、体育到时尚、八卦，人们可以尽情地谈论各种自己感兴趣的话题。也有国民议会的议员在自家的"迪瓦尼亚"里举办研讨会，有时甚至能吸引上百人参加。

科威特人一般不允许外人拍照，拍照时一定要先征得对方的同意，穆斯林女性一般不会同意拍照。另外，在政府机关建筑、军营、大桥、大坝、机场、清真寺、不明建筑物前拍照，也必须事先征得同意。

清真寺是穆斯林举行宗教活动的神圣场所，一般非穆斯林不容许入内，在征得同意后方可进入。在里面不能大声喧哗，不要随便拍照，不要触摸《古兰经》等。女性参观者进入清真寺前可到专门的更衣室换上免费提供的当地服装，女性不得穿着紧身和透明的衣服进入清真寺。

科威特的法定假日有：星期五、星期六为双休日；节日主要有伊斯兰新年、开斋节、古尔邦节（宰牲节）、圣纪节、国庆日、解放日、独立日、哈拉节、采珍珠节等。

开斋节，是阿拉伯语"尔德·菲士尔"的意译，与古尔邦节、圣纪节并称为伊斯兰教的三大节日。按照伊斯兰教的规定，只要是穆斯林，凡女子年满 9 岁，男子年满 12 岁，理智健全，身体健康者都必须在伊斯兰教历的 9 月（即拉马丹月）斋戒一个月。斋月的起止日期主要看新月出现的日期而定。在斋月的最后一日寻看新月，若见到新月，次日斋戒期满，即为开斋节；若不见新月，则继续封斋一日,延至第二天。由于伊斯兰教历是纯阴历,所以开斋节出现在每年不同的时期。开斋节,科威特放假三天。

随着开斋节第一天清晨的宣礼声,科威特成年男穆斯林从四面八方汇集到清真寺参加会礼。会礼结束后,穆斯林会全家聚餐或走亲访友。有的人会去"迪瓦尼亚",与亲朋好友、左邻右舍和过往的客人相聚在一起,宾主们席地坐在用粗羊毛编织的地毯上,品茶、吸水烟,互致节日问候。

古尔邦节,是阿拉伯语"尔德·古尔巴尼"的音译,亦称"宰牲节"。时间是伊斯兰教历12月10日,即朝觐的最后一天。伊斯兰教法规定:凡经济条件允许的穆斯林都要奉行宰牲的礼仪。朝觐者在伊斯兰教历12月10日举行宰牲,其他穆斯林可在12月10~12日举行宰牲,期限为三天,超逾期限,宰牲无效。古尔邦节的主要仪式:一是举行会礼,穆斯林们聚集在清真寺或公共场所,举行盛大的会礼仪式;二是宰牲,所宰的牲畜(牛、羊、骆驼均可)必须健壮,不宰眼瞎、腿瘸、缺耳、少尾的,不宰不满两岁的小羊羔和不满三岁的小牛犊、骆驼。羊为一人一只,牛或骆驼为七人一头。宰牲肉要分成三份:一份自用,一份送亲友邻居,一份济贫施舍。古尔邦节会礼期间,科威特宗教部还会专门为女穆斯林划定做礼拜的场所。古尔邦节,科威特一般放四五天假。

圣纪节是为纪念先知穆罕默德的诞辰日,但逊尼派穆斯林和什叶派穆斯林过圣纪节的日期不同:逊尼派的圣纪节是伊斯兰历3月12日,什叶派的圣纪节则是3月17日。

据说当年穆罕默德经常在自己出生的日子（星期一）进行斋戒，但现在穆斯林过圣纪节时并不把斋，而是准备丰盛的食品来庆祝，并要讲述穆罕默德生前的各种事迹。

科威特有三个与国家庆典有关的节日，即独立日——6月19日（1961年）、国庆日——2月25日（系科威特第11任埃米尔登基日）和解放日——2月26日（1991年2月26日科威特从伊拉克占领军手中解放复国）。每逢国庆日、解放日和独立日，科威特政府都要举行大型的庆祝活动。

每年2月左右，科威特都要举行海湾地区最盛大的文化活动——"哈拉节"。"哈拉"是阿拉伯语，直译为"你好"，也可以引申为欢迎的意思，表示科威特人欢迎天下来客。"哈拉节"全称为"2月哈拉节"，实际上是科威特全国性的旅游、商业促销月。在节日期间，政府和民间团体会组织各种形式的娱乐活动，航空公司和饭店竞相打折以吸引国内外游客，商家店铺也减价售货，招徕顾客。"哈拉节"期间，科威特政府还曾邀请中国、俄罗斯、阿拉伯国家的专业艺术团体和科威特当地的民间团体前来演出。

在尚未发现石油和天然气资源之前，采珍珠和捕鱼是科威特居民收入的主要来源。如今，虽然储量丰富的石油和天然气出口为科威特带来巨额的财政收入，但采珍珠仍然作为一个行业被传承下来，并被当地居民视作自己民族文化的一个重要组成部分。每年7~8月，科威特都要举办"采珍珠节"，届时会有大批的科威特人到波斯湾海域去打捞珍珠。

第三节 宗教

科威特95%的居民信仰伊斯兰教，其中约70%属逊尼派，30%为什叶派。此外还有基督教徒、印度教徒等。

伊斯兰教在科威特的政治社会生活中占有重要地位。科威特宪法规定："伊斯兰教是国教，伊斯兰教法是立法的主要依据。"同时规定："信仰完全自由。国家保护宗教信仰自由，只要它不违背社会秩序和伦理道德。"7世纪，科威特在阿拉伯哈里发帝国的版图之中，伊斯兰教开始传播。9世纪末，伊斯兰教什叶派的卡尔马特派在整个美索不达米亚和波斯湾沿岸发展势力，建立了巴林卡尔马特国。10世纪初，其占领科威特，把它划为巴林的一个行省。卡尔马特派在科威特成为势力最强大的宗教派别，并建立了政权。1756年，萨巴赫家族首领萨巴赫·本·贾比尔建立了政教合一的科威特酋长国。萨巴赫家族统治科威特后，伊斯兰教逊尼派重新兴起。科威特埃米尔既是国家元首，又是宗教领袖，由萨巴赫家族世袭。科威特的全部宗教事务由司法与宗教基金部主管。自20世纪70年代以来，科威特政府特别强调国家的伊斯兰特征，积极参加伊斯兰国家会议和国际伊斯兰教组织的活动，为"阿拉伯国家联盟""伊斯兰会议组织""世界伊斯兰大会""伊斯兰世界联盟"成员国，并资助东南亚和非洲的一些国家兴建清真寺和伊斯兰文化中心。

目前，在科威特的穆斯林中，70%为逊尼派，大部分遵奉马立克和哈乃斐学派教法，还有部分逊尼派穆斯林是瓦哈比派。科威特什叶派穆斯林占30%，大部分人（90%以上）为十二伊玛目派，少数人为伊斯玛仪派。

目前，科威特全国共有1200多座风格迥异、各具特色的清真寺。每座清真寺配备有先进的设备，并有三四名宗教学者，他们负责主持清真寺事务。宗教职业者的地位很高，领取优厚的薪水，时常受到政府官员的接见。科威特的清真寺主要集中在沿海地区、商贸区和居民区，而在边缘地带和工业区清真寺较少。在所有清真寺中，最著名、最宏伟的清真寺是位于科威特城内的科威特大清真寺。

科威特大清真寺是世界上第七大清真寺，坐落在科威特城AL-SIEF新皇宫对面的阿拉伯海湾大街，始建于1979年，建成于1986年，科威特埃米尔谢赫贾比尔·艾哈迈德·萨巴赫参加了落成庆典，并在寺内做了开斋节祈祷。建设大清真寺耗资1300万科威特第纳尔，总面积为45000平方米，其中建筑占地2000平方米，其余区域则分布着花草、树木、喷泉和瀑布。科威特大清真寺是伊斯兰建筑艺术的珍品，它的设计和装饰具有典型的伊斯兰建筑艺术特征，同时还吸收了海湾地区阿拉伯传统文化的精华。其外观气势恢宏、雄伟庄严；其内装饰古今结合、阿西合璧，具有浓郁的色彩对比和密集的层次变化。

科威特大清真寺的礼拜大殿占地5300平方米，长宽各72米，大殿四周全部使用镶嵌、木雕、石雕和阿拉伯书法等装饰，装饰精致豪华，可容纳5000人礼拜。二楼设女礼拜厅，可供1000名女穆斯林礼拜。大清真寺还专门设置了多个用于聚礼（每周五主麻日）、节假日和其他宗教节日礼拜用的大厅和一个可容纳350人的平日礼拜厅，大殿外广场可供7000人礼拜。

大清真寺大殿圆顶直径为26米，高43米，用极其优美的伊斯法罕马赛克雕着真主的尊名，经过六年精细雕琢而建成。围绕在圆穹顶四周的是四盏巨型吊灯，据说，四盏灯各自用重达一吨的黄金制成。大清真寺内设有埃米尔厅和贵宾厅，装饰华丽、金碧辉煌，专供埃米尔休息用，同时也可接待国外贵宾。

大清真寺宣礼塔位于大殿西北角，采用安达鲁西亚建筑形式，高出地面74米，塔身用叙利亚大理石镶嵌，顶上是黄铜覆盖，塔内有电梯，直通塔顶平台，塔尖上有一弯新月。塔尖上有多处通风孔，采光好。此宣礼塔是科威特新老宣礼塔中最高的。

科威特大清真寺还建有一些其他的附属设施。如占地700平方米的图书馆，收藏有各种《古兰经》手抄本、伊斯兰经典著作和珍本书籍等。还设有一个专供演讲和研讨用的、安装有最先进视听设备的大礼堂。大清真寺庭院东部建有男女穆斯林卫生间和沐浴间。在大清真寺东边庭院的地下，有一个五层结构的停车场，能容纳500辆车，由电梯通达上部庭院区域。大清真寺的地下室则安置有电力、空调系统以及主控中心。

科威特大清真寺已成为科威特伊斯兰文明的标志之一，许多国家元首、访问者、旅游者经常会慕名来访。前来参观的妇女必须穿上清真寺专门准备的头巾和黑袍。

第三章 民族、民俗与宗教

科威特还有不少以建设者个人或其家族（部族）名字命名的清真寺。阿勒·哈里发清真寺，位于科威特城沿海的东区，1737年由哈里发·本·穆罕穆德·阿勒·哈里发建成，以他的家族名字阿勒·哈里发命名。阿勒·哈里发家族现今执掌巴林王国国家政权。该寺初建时规模很小，经1901年和1955年两次改建和扩建，大殿现在可容纳200多人礼拜。

梅特兰清真寺，位于科威特城梅尔卡勃区，1892年由穆罕默德·本·阿卜杜拉·本·尤素夫建成，后以其部族名称梅特兰命名，清真寺周围居住的基本上都是该部族的人。梅特兰清真寺1921年遭到严重破坏，后由个人以及宗教基金部出资进行了修复，部分石材由东非进口。由于它地处商业闹市区，故为周围的商人来此寺礼拜提供了方便，最多时达四五百人。

伊斯兰宗教教育是科威特国民教育的一个重要方面。学龄前儿童就开始接受宗教熏陶，学习背诵《古兰经》。小学、中学、大学普遍开设宗教课程，宗教教育从不中断。此外，还设有专门培养宗教职业者的宗教专科学校，毕业生会被分配到清真寺工作。科威特大学设有伊斯兰教专业院系，为研究伊斯兰教的学者、专家提供深造的机会。另外，科威特教育部还在广播电台播放《古兰经》和宗教节目。

为了传播伊斯兰文化，科威特宗教事务部开办了14所《古兰经》学习中心、两所男女伊斯兰研究学院，举办了多期背诵《古兰经》的学习班和学习伊斯兰教法学、文化的男女文化学习班。

天课是伊斯兰教的五大功课之一,此为阿拉伯语"则卡特"的意译,原意为"纯净",指穆斯林通过缴纳天课使自己拥有的财产更加洁净。伊斯兰教法规定,凡穆斯林所拥有的资产超过一定限额时,应按一定比率缴纳天课,用于施舍贫困者。科威特自建国以来就实行天课制,以维系社会成员之间的团结。1982年,科威特政府成立天课局,负责募集天课资金。除天课局外,还有7个委员会协助天课局募集和分配资金。天课局的资金来源于政府的资助,以及天课、慈善活动和企业、社会团体、个人的捐赠和馈赠,天课局还向黎巴嫩北部城市的黎波里和其他地区的难民提供资助和大量救济品,支持阿拉伯世界的伊斯兰公司和合作社,帮助那里的慈善组织开展活动。天课局还恢复了斋月期间在清真寺内免费向居民提供开斋餐的传统。

此外,天课局负责管理科威特100多个国外援助项目,其中有修建清真寺、学校、医院、住房、孤儿院,以及打井、救灾和发放物品等。天课局还向20多个国家的大约9500名孤儿和一批在埃及爱兹哈尔大学学习的学生提供资助,向一些遭受战争和饥荒的非洲人民提供援助,向世界各国穆斯林赠送科威特出版的《古兰经》。

第四章 科威特文化

第一节 文化遗产与文化设施

一 文化遗产

科威特所属陆地和岛屿遗留着许多文化遗产。科威特的文化遗产共有50多处。为了保护科威特境内的文物遗产和自然遗产，科威特政府在文化遗产保护方面做了大量的工作，它于2003年加入了《保护世界文化与自然遗产公约》，制定了遗产保护法规，并注重培训遗产管理的专业人才。

科威特文化遗产主要分布在布尔干盆地、巴屯洼地、苏莱依比哈特、萨比叶、卡齐麦、乌姆儿什、法拉卡岛、阿卡兹岛、乌姆娜米勒岛等。这些文化遗产大多分别属于中石器时代、新石器时代、青铜器时代、古希腊时期和伊斯兰时期。

法拉卡岛遗址分布在距科威特湾约20公里处的法拉卡岛上。法拉卡岛与科威特城隔海相望，面积44平方公里，是科威特的第二大岛,也是科威特最重要的游览区和避暑地。法拉卡岛被称为科威特文明史的摇篮,在这里出土了3000多年前的文物。这些文物证实,法拉卡岛曾是古代西亚人从幼发拉底河和底格里斯河出海通商的站点,他们与阿拉伯半岛和中亚国家早就有贸易往来。古代腓尼基人、希腊人都曾来该岛经商和居住过。据岛上一块碑文记载,公元325年,亚历山大大帝的海军将领尼阿库斯也曾到过此岛。在法拉卡岛还发现了450多枚圆形图章,但至今无人可以解释图章上面所刻文字的意思。它们与在伊拉克、巴林和印度河河谷发现的图章类似,从中可以了解这些国家之间源远流长的密切关系。

科威特古城墙也是科威特的文化遗产之一,距今已有几百年的历史。第一座长750米的土城墙建于1760年;第二座城墙建于1811年,有8个城门;第三座城墙长6400米,建于1920年科威特埃米尔萨利姆·穆巴拉克·萨巴赫执政时期,城墙向西扩展到了舒威赫地区,向东扩展到科威特东海岸的阿玖兹角。1957年2月,城市扩建,科威特古城墙被拆除,但是,其中的5座城门作为科威特的历史古迹和旅游景点被保留下来。在它们周围环绕着绿色地带。

二 文化设施

科威特国家博物馆坐落在科威特城海湾大街,1957年12月13日竣工。1977年新馆开始修建,其设计和建筑工艺都是最先进的,同时,也参考了阿拉伯和伊斯兰的建筑风格,使其适合科威特国情。1983年2月22日,博物馆新馆竣工。

科威特国家博物馆由四座建筑组成,四座建筑组成一个矩形,中间围绕着一个花园,外观看上去非常漂亮。这里珍藏了许多伊斯兰教艺术品,是世界上最美丽的综合性博物馆之一。国家博物馆在1990年伊拉克入侵和占领期间遭到严重破坏,其中大部分珍贵展品被伊拉克军队掠走。1991年海湾战争结束后,在联合国干预下,伊拉克归还了科威特部分被掠文物。经修缮整理后,科威特国家博物馆中的"科威特民间遗产"展馆已重新对外开放。该馆的展品内容全面介绍了科威特的古代民俗,以及发现石油之前科威特人的劳作、生活情况。

科威特科学博物馆建于1976年,主要是为教育服务。科学博物馆使用玻璃纤维填充鸟类和动物标本的科学方法是非常独特的。科学博物馆的鸟类标本达165种之多,还有用科学方法填充的大象、长颈鹿、鲸鱼等多种动物、植物标本。科学博物馆还展有科技模型,其中包括"挑战者"号航天飞机的大型模型和科威特航空公司使用的第一架飞机模型。

伊斯兰文物馆藏品达2万多种,均为罕见的伊斯兰珍品,年代跨越伊斯兰教始传以来的13个世纪。馆内还有一个特殊的图书馆,收藏有几千本用各种文字出版的介绍伊斯兰教历史和传说的书籍。伊斯兰文物馆现已成为科威特伊斯兰文化中心,馆内收藏的一些珍品多次在世界上最有名的博物馆展出。伊斯兰文物馆还经常举办讲座、开设制作陶器和礼拜用品的培训班。

伊斯兰文物馆内的藏品均为"萨巴赫藏品",属于谢赫纳赛尔·萨巴赫·艾哈迈德·萨巴赫和他的夫人胡莎·萨巴赫·萨利姆·萨巴赫。

天文馆内设有最尖端的天文观测仪器,还有存放天文仪器、地图和各种资料的展厅。天文馆还负责制定科威特的天文计划,同时翻译有关宇宙和天文现象资料,供来访者参观查阅。

塔里克博物馆是塔里克·赛义德·拉杰卜开办的私人博物馆,1980年向公众开放。塔里克博物馆珍藏着世界上罕见的《古兰经》手抄本、伊斯兰书法、伊斯兰诗歌集、阿拉伯伊斯兰乐器和家具、穆斯林艺术家制作的传统银饰和珠宝,以及从中国、尼泊尔等地进口的珠宝饰品、金属制品和一些名家的油画等。

第二节 教育与社会科学发展

一 教育

科威特非常重视教育,年度教育经费占国家财政支出的10%以上。科威特的教育始于1877年开办的第一所教授阿拉伯语的私塾学堂。1912年创办的穆巴拉克学校是科威特第一所正规学校,也标志着科威特正规教育的开始。1936年,科威特教育委员会成立,教育被正式纳入政府的管辖之内,开始启动实施正规的教学大纲。科威特独立后,科威特政府投入巨额资金支持教育发展,不断改进和完善教育制度和教学大纲，采用国际上最先进的教学理论，逐步形成了比较完善的包括基础教育、高等教育、师范教育和职业技术教育在内的教育体系。

科威特政府对本国公民（不包括外籍人）实行全面的免费教育，从幼儿园到大学一律免费，政府免费为学生提供午餐、书本、校服、学习用具等，还向学生提供交通工具，每天上学、放学都有专车接送。同时，科威特政府还每月发给各类学生不同数额的零用钱。科威特小学、初中、高中均为四年制。自20世纪70年代以来，科威特从事基础教育的各类学校如雨后春笋般涌现，学生人数逐年增加。截至2014年，科威特全国共有各类学校1332所，其中公立学校843所，私立学校489所，还有许多成人教育学校和特殊教育学校。在校学生共60多万人，教师7.6万人。

科威特的高等教育始于1966年科威特大学的成立。科威特大学办学宗旨是为国家培养和提供具有科学知识和实践经验的高级人才。科威特大学成立之初，只有教师31人，学生418人，开设了文理学院、教育学院及女子学院，并采用埃及的学位课程模式。自1975年起，科威特大学全面采用美国式的学分制。经过多年的发展，截至2013年，科威特大学有文、理、商、法、社会学、教育学、政治经济、工厂石油、医学和药学、助理医学与护理学、口腔医学、女子学院、研究生院和语言教学中心等16个学院和中心，80多个专业科目，有1450名教职员工和约40000名学生。科威特大学只招收科威特籍学生以及少量从世界各地来科威特留学的外国学生（中国每年有 4 名左右留学生在此进修），即使在科威特出生、持有科威特绿卡（居民证）的外国学生，也无权进入科威特大学学习。所以，在科威特生活的外国人，不管在此生活多少年、多少代，其子弟高中毕业后，都只能远赴英国、德国、美国或印度、埃及、伊朗等国大学深造，所选专业大多会是科威特社会需要、有就业前景的专业。

科威特大学的教学语言为阿拉伯语，但在理学院、医学院和工程石油学院教学语言为英语。科威特大学的讲师和教授 80% 是外籍人，其中埃及人占多数。

为加强对高等教育和大专院校的管理，1988 年 10 月，科威特成立了高教部，具体负责大学的教育、科学研究、应用技术研究、留学生派遣与管理工作，同时协调校际之间的合作和交流。此外，归属高教部管辖的还有戏剧专科学校和音乐专科学校。戏剧专科学校设有表演系、导演系、戏剧与文学评论系和舞美化妆系。音乐专科学校设有作曲、声乐、乐器、阿拉伯语音乐、阿拉伯语歌曲和音乐教学与基础理论专业。

科威特的师范教育和职业技术教育在政府巨额投资和有力支持下得到快速发展。1969 年，科威特分别创办了培训男、女生的教育学院，专门培养从事基础教育的师资力量，包括教师及与教育相关的技术和图书馆方面的专业人员，学制 2 年。1986 年教育学院的学制改为 4 年，并改名为基础教育学院，设有伊斯兰宗教教育、阿拉伯语、数学、美术、体育、音乐、幼师、家政、装潢设计、电器原理等专业和课程。与基础教育学院同时发展起来的还有许多其他专科学院，如商业进修学院、卫生学校、理工进修学院、工业培训学校、水电培训学校、通信与航运学校等，这些学校的学制1~4年不等，主要对学生进行技能培训，同时也重视对学生们进行社会、文化、宗教、体育等方面的素质教育。1982年，科威特政府成立了应用教育和培训总局，具体负责对教育学院等进行指导和监督管理，并制定教育大纲和培训规划。截至2003年，应用教育和培训总局所辖各类学校的毕业生已达2万余人。

科威特有许多各种各样的私立学校，它们也是科威特教育体系的有机组成部分。私立学校以接收外籍侨民的子弟入学为主，科威特籍人和阿拉伯国家公民开办的私立学校能够得到科威特政府的年度资助，并拨给土地进行校园建设，还会向这些私立学校的学生免费发放书籍。同时，科威特政府要求所有私立学校按照科威特教育部制定的教学大纲进行教学，并接受教育部的监督和指导，以确保教学质量。截至2003年，科威特共有私立学校336所，学生12万多名，教师近7000人，基本上都是外籍教师。

科威特的宗教教育是国民教育的一个重要方面，各级学校均开设宗教课程，还设有专门培养宗教人员的宗教学校多所，科威特大学设有伊斯兰专业系。科威特宗教学校只设初中和高中两个阶段。宗教学校开设的课程除伊斯兰教教法、阿拉伯语外，还有外语、历史、体育、艺术、数学、理工等。目前，科威特宗教学校有10多所，在校学生

5000余名。

科威特政府十分重视对残疾儿童的特殊教育,1955年创办了2所专门招收残疾儿童的光明学校和希望学校,之后,又建立了10多所招收残疾人的特殊学校。近年来,科威特的特殊教育发展快速,引进了先进的教学方法,准备了现代化的教学设备和教学器材。特殊教育学校实施普通教育大纲,但根据学生的实际情况略有调整。特殊教育学校的学生除学习书本知识外,还根据学生的实际情况,学习一门工艺技术,以便将来谋生,如电工、木工、钳工、印刷工、裁缝、美容、打字等。为了便于这些人生存,科威特政府成立了一个专门企业,为他们谋求职业提供方便。2006年5月1日,科威特政府和联合国教科文组织在科威特城联合举办了"科威特首届特殊人群教育和服务国际会议",倡导和鼓励全社会重视特殊需要人群及残疾人的教育,通过互联网等信息手段向这类人群提供服务。

科威特政府特别重视成人教育和扫盲等提高国民文化水平的工作,在全国各地建立了扫盲和成人教育中心,并于1981年颁布了《扫盲法》。科威特《扫盲法》规定,凡年满14周岁,受教育程度不及小学四年级的公民,必须接受强制性的扫盲教育。科政府斥巨资在全国范围内修建扫盲学校,不仅接纳国人,而且还向海湾其他国家的公民开放。由于外来人口在科威特占有极大的比例,科政府还规定,所有在科工作的外籍人员,其受教育程度不适应在科从事基本工作的,都可申请在扫盲学校里免费接受教育。科威特政府在扫盲方面取得的成就得到联合国教科文组织的高度赞扬和充分肯定。科威特是继约旦、巴林和黎巴嫩之后，第四个普及成人教育程度最高的阿拉伯国家。科威特扫盲工作成绩斐然，全国文盲人数大幅度下降。据统计，1957年，科威特文盲人数占全国人口的54.5%，1980年下降为28.9%，1997年为21.5%，2000年为11%，2003年仅为6.46%。

科威特的本国教师短缺，通常从其他阿拉伯国家和欧美国家聘请教师。

二 自然科学和人文社会科学

自然科学在科威特被称为应用科学。科威特于1967年创建了科威特科学研究院（科学院），承担国家应用科学的科研工作。科学院下设环境与土壤、工程技术、石油与石化、粮食与农业、经济技术5个研究所。环境与土壤研究所主要从事自然资源和环境保护，以及水利和地质勘探等研究。工程技术研究所主要从事非石油资源、电子、建筑工程等研究。石油与石化研究所主要从事石油工业、化工原料、防腐蚀技术等研究。粮食与农业研究所主要从事食品保障、海洋资源、渔业、园艺等研究。经济技术研究所主要从事能源和经济评估分析、计算机系统开发等研究。科学院还设有中央分析化验室、国家科技信息中心、数据资料室、工艺车间和培训管理局等辅助单位。

为了鼓励和支持科研人员从事为民造福、促进科威特发展的各种科学研究活动，1976年12月12日，科威特政府成立了科威特科学进步基金会（委员会）。基金会由董事会管理，科威特埃米尔贾比尔·艾哈迈德·萨巴赫任董事会主席，6名董事由基金会所属的科威特控股公司推选，任期3年。各控股公司每年以5%的公司年净利润资助基金会。其主要任务：一是支持基础和应用科学研究，向工程学、医疗卫生、营养学、社会学和经济学等领域的研究提供经费资助；二是对有助于科威特经济发展的投资项目、科研项目进行经费资助和扶持；三是提供经费资助、奖金以扶持科威特和其他阿拉伯国家的科研项目；四是通过提供奖学金、助学金、进修补贴，以及通过举办科学研讨会、报告会等方式培训科籍科研人员；五是鼓励、支持和大力促进科威特科研团队与阿拉伯及国际科研团队进行合作研究。

科威特科学进步基金会还设立了各种奖励项目，每年都向杰出的阿拉伯学者、思想家、科学家颁发学术进步奖，奖励项目主要有：科威特奖，授予在科研工作中做出杰出贡献的科学家和其他科研人员；伊斯兰医学奖，每两年颁发一次，获奖者必须在阿拉伯伊斯兰医学理论研究和实践应用方面有所创新，其创新成果应具有重大的理论和实践意义；著作奖，共6项，包括最佳阿拉伯文自然科学著作奖和译作奖、最佳人文学科领域著作奖和译作奖、最佳科威特研究著作奖和最佳阿拉伯儿童图书著作奖；农业奖，是为鼓励农民采用科学方法增加农作物的品种和产量而设立的奖金，每年授予3人，限授本国人；最佳科研奖，奖励在科威特科学评论性专刊上发表的最突出的科研成果，包括自然科学领域和人文科学领域；还有科技产品奖，以及研究伊拉克入侵科威特影响的特别奖。

在人文社会科学领域，科威特出版的一部重要著作是《伊斯兰法百科全书》，这部著作适应了科威特独立后社会发展和转型的需要，为人们提供转型社会中出现的各种疑难问题的伊斯兰法律诠释。《伊斯兰法百科全书》按法学名词的字母顺序排列，共约5000条法规。

科威特宗教事务部出版了一系列有关宗教遗产的书籍和以往判决案例索引，以供研究人员查阅。宗教事务部出版的阿拉伯文月刊《伊斯兰觉悟》，是所有伊斯兰出版物中最具影响力的刊物之一。

科威特还出版了一批研究科威特历史的著作，包括历史学家优素福·伊本·伊萨·盖纳伊的《科威特简史》、阿卜杜拉·阿齐兹·拉希德的《科威特》和艾哈迈德·穆斯塔法·阿布·哈基姆的《科威特现代史》等。

三　文学艺术

科威特政府非常重视文学艺术的发展，成立了主管全国文学艺术的管理部门——科威特文化艺术文学委员会（1974年成立），主席由科威特新闻大臣兼任，日常工作由次官级的专职秘书长负责。其主要职责是制定文化、文学、艺术发展规划，大力开展公益文化事业，鼓励多出文化精品，推广各种文化活动，丰富人民群众的精神和文化生活，同时负责文化艺术的宣传和开展对外文化合作与交流，保护和研究科威特的文化遗产等。

近年来，科威特文化艺术文学委员会编辑和出版了多种在海湾地区颇具影响的文学期刊，如《思想世界》《知识世界》《世界文化》《世界创造文明》等。委员会还参与举办科威特名刊《科威特》周年庆祝研讨会，每年还会举办古林文化艺术节、阿拉伯图书博览会、国际儿童文化节和造型艺术展等。

科威特的文学在海湾地区文学中占有重要地位，产生了一些重要的诗人和作家，他们以犀利和淳朴的语言嘲讽丑陋，针砭时弊，关心民情，揭露虚伪。哈立德·穆罕默德·法勒基（1898~1954）是近代海湾阿拉伯国家最杰出的诗人、文学家之一，擅长写作政治诗、历史诗和反映社会现实的诗歌，是科威特短篇小说的先驱，创作出科威特第一部短篇小说《穆妮拉》，开创了写作海湾地区短篇小说的先河。女作家莱拉·奥斯曼（1941~），已出版短篇小说集《烟缸中的女人》（1976）、《明察之夜》、《多种多样的爱》（1976）、《他不适合爱》和《法特希娅选择死亡》（1989），长篇小说《女人和猫》（1983）和《沃赛米娅走出大海》（1991）。她的作品中表现了传统社会中女人的苦难和她们对真爱的渴望和追求，同时也揭露了社会道德沦丧、有悖情理的阴暗面。女诗人苏阿德·萨巴赫（1942~）是科威特王室公主，也是当代阿拉伯诗坛中的代表诗人，她从20世纪70年代开始创作，至今出版《生命之歌》《希冀》《献给你，我的儿子》《女人的悄悄话》《本来就是女性》《玫瑰与枪的对话》《最后的宝剑》等十余部诗集。中国于1991年翻译出版了她的诗集《希冀》等。还有文学家、作曲家阿里·安萨里，他的主要作品有交响乐《解放》《生命之旅》《乘风破浪》《跳跃的梦幻》等。

科威特的戏剧表演艺术比较繁荣发达,它不仅深受科威特人民的喜好,而且赢得阿拉伯世界的认同和赞誉。科威特阿拉伯剧团编排演出的《苦瓜的旅行》曾在第一届巴格达电影节上荣膺了创作奖。科威特政府重视戏剧表演艺术,从资金和道义上支持科威特的剧团和演职人员,鼓励他们在国内外举办戏剧节和艺术节。目前,科威特有多家戏剧团体,最著名的有海湾剧团、阿拉伯剧团、科威特剧团等。为了提高戏剧表演艺术水平,传播戏剧知识,提高人民大众的艺术欣赏能力,科威特新闻部于1965年建立了戏剧研究中心,后来于1973年改为戏剧艺术学院,专门培养各种戏剧表演艺术人才,培养出的毕业生活跃在科威特戏剧表演艺术舞台上,丰富着科威特人民的文化生活,并为促进与阿拉伯国家的艺术交流做出了贡献。

此外,科威特还有22个民间歌舞团,表演朴实无华的民间舞蹈节目,多为男子集体舞。表演时舞者身穿阿拉伯白色长袍,手持刀枪棍棒,踩着鼓点边舞边唱。另外,科威特电视台也成立了民间歌舞团,通过到世界各地巡回演出,使科威特的民间传统艺术驰名于世。

通常我们所说的美术在阿拉伯国家被称为造型艺术,主要包括油画、雕刻等。科威特的造型艺术可追溯至1959年。科威特新闻部所属的自由画家室为艺术家提供画室。每年,新闻部都为画家们举办一次画展,还为他们提供参加世界各地举办的国际会展的机会。1968年,科威特成立了造型艺术研究会,每年举办一次展览,每两年举办一次科威特贝纳里展览,这是科威特最大的艺术展览之一,来自阿拉伯世界的艺术家均可报名参展。科威特文化艺术文学委员会建造了一所国际化的艺术馆,终年展出科威特和阿拉伯国家艺术家的个人作品。科威特政府还通过购买和收藏科威特艺术家的作品,鼓励造型艺术的创作与发展。

科威特的雕塑艺术始于1963年。近年来,特别是科威特雕塑家萨米·穆罕默德为科威特城萨发广场创作的雕塑在埃及开罗的贝纳里展览馆展出时荣获最高雕塑设计奖后,科威特的雕塑艺术得到快速发展。2006年,科威特女雕塑家那瓦里参加了在中国长春举办的第八届长春国家雕塑比赛,其获奖作品至今摆放在长春市内的雕塑公园里。科威特较为著名的现代造型艺术家有:雕塑家萨米·穆罕默德和贾法尔·伊斯拉赫和美术家阿卜杜拉·哈米德·伊斯梅尔。

贝都因艺术是科威特民间艺术的杰出体现,贝都因人用羊毛编织"萨都织锦",其种类包括帐篷、地毯、挂毯和骆驼袋等。贝都因妇女用各种沙漠植物做染料,为各类编织品染色,使其独具特色和风格。贝都因艺术的另一精华是传统的"阿尔达"舞。它把舞剑的速度与大、小鼓的节奏以及诗歌的韵律有机地结合在一起。每逢重大庆祝活动和节假日,人们都会自发地组织起来,在震耳的唢呐和手鼓声中跳起"阿尔达"舞,表达和宣泄欢乐的心情。科威特的民间传统艺术形式还有"出海仪式""萨姆里""卡马里""坦布拉"等。

四　新闻出版

科威特宪法保证新闻出版自由。科威特新闻制度相对开放、自由，报刊多为私营。科威特新闻部负责管理新闻出版印刷事务，并在主要阿拉伯国家和美国、英国、法国、印度等大国设有新闻中心。科威特平均每50人就有一份报纸。

科威特的新闻出版业相当发达，报刊业已经成为强大的新闻机构和经济机构。科威特的报纸在阿拉伯世界报业中占有重要地位，在舆论导向上具有先锋作用，并对科威特的现代化建设做出了巨大贡献。科威特政府每年对其境内出版的报刊提供财政资助。目前，科威特全国有报刊100多家，主要有8家日报，皆为私营，其中阿拉伯文报纸5家：《舆论报》《政治报》《火炬报》《祖国报》《消息报》。《科威特时报》《阿拉伯时报》《每日星报》分别用英文、乌尔都文和印度的马拉亚文发行。科威特国内市场上还出售700多种世界各地出版的多种文字的报纸和杂志。

《祖国报》是科威特目前发行量最大的日报，1962年创办，日发行量为13万份左右，读者遍及整个海湾地区。《祖国报》的社长兼总编是谢赫·哈里发·阿里·哈里发·萨巴赫，即科威特王室成员，故该报具有半官方性质，其报道的倾向也更加贴近政府的立场。

目前，科威特共有100多种杂志，涵盖了社会生活的各个领域，其中发行量较大、影响较大的杂志有：《科威特》（AL-Kuwait），1975年创刊，主要介绍伊斯兰文化；《阿拉伯人》（AL-'Arab），当代阿拉伯—伊斯兰的综合性学术月刊；《科威特——事实与数字》，科威特新闻部每两年用阿拉伯文、英文、中文、法文以及其他文字出版一次，是一本向世界全面介绍科威特国情的专刊。

科威特还有7家出版社，60多家印刷厂，其中国家印刷厂负责印刷新闻部和政府其他部门出版的杂志和各种印刷品。

科威特有科威特通讯社（库那）、科威特广播电台和科威特国家电视台三家官方新闻机构。科威特通讯社是海湾国家中最大的现代化通讯社，成立于1976年，从1980年起用阿拉伯文、英文向国外发稿。目前，科威特通讯社在世界27个国家建有分社或办事处，有40多名驻外记者，与我国的新华通讯社每天都交换新闻。

目前，外国通讯社驻科威特的分社有：俄罗斯塔斯社驻科威特分社、埃及中东通讯社驻科威特分社、英国路透社中东分社驻科威特代表、法新社驻科威特分社、中国新华社驻科威特分社等。此外，美联社、德新社、利比亚通讯社和卡塔尔通讯社等在科威特也派有常驻代表。

科威特广播电台建于1951年，是科威特的国际广播电台，使用英语、阿拉伯语、波斯语、乌尔都语等播音。

科威特国家电视台是海湾地区最早的电视台之一，建于1962年12月，用4个频道播放阿拉伯语和英语节目。从1992年起，国家电视台租用阿拉伯卫星，向全世界转播。近年来，科威特相继建立了7家私营电视台，其中隶属于《舆论报》报业集团和《祖国报》报业集团的2家私营电视台，收视率都非常高，全部采用卫星直播方式，经常播放一些娱乐节目，特别受年轻人的欢迎。

第三节 医疗卫生和体育

一 社会福利和医疗卫生

科威特的社会福利制度始于20世纪60年代初期。自20世纪70年代以来，随着石油工业的快速发展，科威特成为石油生产富国，为科威特实施高福利政策提供了坚实的物质基础。科威特的社会福利涉及国民生活的诸多方面。

一是免费教育。科威特政府对本国公民（不包括外籍人）实行全面的免费教育。学生从幼儿园到大学一律不用交任何学费，政府免费为他们提供午餐、书本、校服、学习用具等，还为学生提供交通工具，每天上学、放学都有专车接送。同时，科威特政府还每月发给各类学生不同数额的零用钱。派到国外留学的学生的费用也全由政府负担，并享受优厚的津贴。对残疾人的特殊教育、成人教育和扫盲教育也都是免费进行的。

二是免费医疗。科威特政府对所有居民（包括外籍人）全部实行免费医疗。患者从挂号、门诊看病、药物、手术到住院无须交纳任何费用，住院期间病人的伙食也免费。凡科威特公民患病而国内无法治疗者，由医生出具证明并经国家卫生部批准后，可以到国外治疗。病人在国外期间的医疗费、伙食费、住院开支以及往返机票（还包括一名陪同者的机票），均由科威特政府承担。同时与卫生保健有关的服务也都免费提供。

三是免征个人所得税和企业营业税。科威特政府不向本国国民征收任何所得税,科威特公司不用交纳企业营业税,上市公司除外。

四是高工资。科威特实行高薪制,科威特籍职工的月薪一般在500第纳尔以上,同时还发放岗位津贴、工龄补贴、子女补贴、房屋补贴和新婚补贴等。

五是住房福利。科威特政府保证每一个公民都能得到合适的住房,并提供必要的配套设施和全方位的服务。为低收入人群提供的房屋通常为平房或两层楼房,一般包括7个房间,另有厨房、浴室和汽车间。住户仅交纳象征性的房租,住满10年后,房屋即归居住者所有。对于中等收入者提供长期无息或大额优惠贷款用于建房或购房,期限40年,借贷者因贫穷或死亡无须偿还贷款。正因如此,科威特公民几乎家家都有一套舒适宽敞的住房。

六是残疾人福利。科威特政府设有专门的部门为残疾人提供护理、教育和职业培训,为他们安排适合自身特点的工作。残疾人所需的专用用具大部分免费供应,个别的用品仅象征性地收取费用。科威特政府对有残疾人的家庭提供额外救济金。

七是老年年金保险。科威特的社会保险费通常由雇员(受保人)、雇主和国家财政共同承担,雇主交纳雇员工资总额的10%,雇员交纳个人工资的5%,不足部分由国家财政负担。投保人员一般交纳15~20年的社会保险费后,即可按月领取老年年金。

除了上述社会福利外,科威特政府还对国民提供名目繁多的各种补贴和专项救济金,其中包括水、电和燃料费补贴,房屋租金补贴,偿还银行贷款补贴,以及家庭困难救济金等。目前,科威特财政收入的20%用于补贴,每年总支出额超过160亿美元。

科威特政府非常重视发展医疗卫生事业,每年对医疗卫生事业的拨款约占国家财政支出的10%。在海湾地区,科威特拥有世界顶级的医疗系统,并以每年45%的速度增长。科威特医疗服务设施完善,公立、私营医疗机构众多,统一由卫生部负责协调管理。2005~2014年,全国平均每万人拥有医生48人、护理和助产人员118人、牙医6人、药师3人;2006~2014年,平均每万人拥有医院床位40张。

尽管科威特卫生部通过各种途径提供了优质的公共医疗服务,私营医疗单位仍层出不穷。科威特卫生部为其规定相应的规范和收费标准,部分私人诊所还设有专门的药房。

科威特公民可在各类公立医院诊所免费就医,外籍人要视病症和接受医疗情况付费。任何人均可凭医生所开的处方在公立医院药房免费取药,但医生须在处方上注明患者的身份证号码。

从2000年4月10日起,科威特政府对在科外籍人员实行强制性医疗保险计划。外籍人员必须在缴纳医疗保险费后才可办理申请、延长居住等手续,且居住有效期同保险有效期直接挂钩。从2012年开始,科威特卫生部将为在科威特工作的外籍医学专家,如外科医生、放射医生和实验室化验师等发放3年期的工作许可。

科威特政府重视本国医学专业人才的培养，1973年在科威特大学成立了医学院，1982年成立了助理医学和护理学院。此外，科威特卫生部在1962年成立了护士学校，1984年成立了科威特医学专科学校。

二 体育

科威特政府非常重视体育事业，全国各地均建有丰富的体育活动场馆与设施。体育在科威特占据重要的地位与作用，体育明星拥有许多的荣誉和丰厚的物质奖励，他们不仅与艺术明星齐名，甚至可与政治明星相媲美。为了更好地普及国民体育活动，提高全国的运动水平，近年来科威特政府不断增加对体育事业的财政资助。各运动协会和地方体育俱乐部不惜重金从世界各国聘请高水平的教练。

科威特奥林匹克委员会（Kuwait Olympic Committee）是科威特的最高体育机构，成立于1957年，是国际奥委会和亚洲奥林匹克理事会的成员。

1968年，科威特首次参加在墨西哥城举行的夏季奥运会。2000年，科威特在悉尼奥运会上获得1枚射击铜牌，在雅典奥运会和北京奥运会上没有奖牌收获，2012年在伦敦奥运会上科威特获得1枚射击铜牌。自1978年首次参加亚运会至2010年多哈亚运会，科威特一共夺得75枚奖牌，其中金牌17枚，银牌22枚，铜牌36枚。

科威特青年与体育总局是科威特政府主管青年和体育事务的行政部门，成立于1979年4月，隶属于劳工与社会事务部。其主要任务是执行政府青年体育工作政策，管理青年文化、社会、业余科技发明、专项体育活动设施,管理各专项体育协会,策划全民健身活动。

科威特还是亚洲奥林匹克理事会、亚洲手球协会、亚洲体育记者协会等体育组织常设机构的所在地。亚奥理事会从一成立起就把总部设在科威特城,至今一共有两位主席,分别是科威特的法赫德亲王以及现任主席——法赫德亲王的儿子艾哈迈德·法赫德·萨巴赫。亚奥理事会总部设在科威特,让科威特王室一直在亚洲体育领域扮演着重要角色。

足球是在科威特最受欢迎的体育项目。科威特足球协会成立于1952年,并设立了自己的联赛,拥有了自己的足球机制和球员培养体系。从20世纪70年代开始,科威特在亚洲属于一支强队,尤其是在海湾地区更是当然的老大,科威特国家足球队在海湾杯赛中曾9次获得冠军。1980年,科威特国家足球队获得了莫斯科奥运会入场券,并最终获得第五名的好成绩,之后于1992年和2000年两次获得奥运会入场券。1982年科威特国家足球队打进了西班牙世界杯决赛阶段的比赛,这是亚洲的阿拉伯国家第一次打进世界杯,这也是科威特足球历史上的顶峰时期,从那以后,科威特至今仍未能晋级世界杯决赛圈。

马术也是让科威特人感到骄傲的体育项目,1982年在印度新德里举行的第9届亚运会上,科威特代表队一举夺得了马术比赛的金、银、铜牌。

射击是科威特的优势项目。2000年悉尼奥运会上,科威特获得一枚射击铜牌。在2006年多哈亚运会的射击项目上,科威特取得了3金1银1铜的佳绩。在2010年广州亚运会上，科威特获得射击飞碟多向团体赛的金牌。在2012年伦敦奥运会上，科威特获得一枚射击铜牌。

科威特手球队是亚洲的手球劲旅，曾连续五届杀入世界手球锦标赛的决赛圈。在2006年多哈亚运会上，科威特手球队战胜卡塔尔手球队夺得冠军。在游泳、田径等项目中，科威特运动员也有比较强的实力。

科威特在女性体育事业方面取得了巨大的成就。2008年3月，首届海湾合作委员会国家女子运动会在科威特举行。这是海湾国家女性争取女性权利的一个重要里程碑。首届女子运动会设置了排球、篮球、田径、跆拳道、射击等项目。首届海湾合作委员会国家女子运动会现已成为国际奥委会承认的、每两年举办一届的固定体育赛事，目前海湾各国为了争取举办权，竞争十分激烈。

科威特政府还十分重视群众性体育运动。群众性体育运动主要是通过俱乐部和各个专项体育协会进行的。目前，科威特全国拥有10余个体育俱乐部，俱乐部的所有费用都是由政府负担。这些俱乐部拥有完整的体育设施和管理机构，有能容纳几万观众的体育场，容纳近千人的体育馆，并拥有较强的运动队。俱乐部还聘请了世界著名的教练。在科威特，小孩子可以随意选择自己喜欢的项目参加俱乐部的培训，俱乐部不但不收费用，还会派车接送。当某人的成绩达到一定的水平而年龄超过14岁时，政府每月还给予其几百第纳尔的补贴。此外，科威特还有3个属于机关和协会管辖的体育俱乐部，即狩猎和跑马俱乐部、赛艇俱乐部、海员俱乐部。另有属于公益协会的残疾人俱乐部和女子俱乐部。在首都科威特城内，每个社区根据其大小程度会有1~3个社区体育场，内设足球场、篮球场、排球场，所有设施均免费向公众开放。

科威特人最喜欢的传统民族体育运动是赛骆驼和猎鹰竞赛。赛骆驼在海湾阿拉伯国家的历史非常久远，它不仅仅是一项传统的体育项目，更是一个节日，每到那段时间，成千上万的人会聚集到一起，尽情地欢乐，忘情地叫喊。

参加比赛的骆驼一般高3米，奔跑的速度很惊人，最高时速可达60公里。为了安全，现在赛骆驼的骑手都已改由高度20厘米左右的机器人担纲。

敏捷、勇猛的鹰隼深得阿拉伯人的喜爱，捕鹰、驯养鹰和放鹰捕猎的习俗遍及整个阿拉伯地区。科威特把巨幅铸有雄鹰图案的国徽高高地悬挂在政府和重要机关的大门前或会议厅的上方，作为国家和民族的象征。同时，猎鹰竞赛也是科威特人最喜爱的一项体育竞赛项目。每年，科威特猎鹰协会都会在距科威特城南约60公里的瓦夫腊沙漠地区举行猎鹰速度竞赛，有数百只受过专门训练的猎鹰和游隼参赛。在比赛过程中，猎鹰必须按规定线路由起飞点飞往终点，以用时最少者为优胜者，并被冠以"飞得最快的鸟"的荣誉头衔。

第四节 旅游文化

科威特旅游文化资源较丰富，以沙漠、海洋、历史文化遗产和阿拉伯风情为特色。在石油贸易产业的支撑下，科威特经济总量与国民收入高速增长，推动了科威特旅游业的快速发展，旅游特别是出国旅游发达，每年约60%的国民都会出国旅游。科威特是世界上旅游花销最大的国家之一，是海湾其他国家的4倍。科威特旅游业呈稳步发展态势，目前从业的旅行社已达300家。2011年旅游收入达53亿美元。目前，科威特正在制定振兴国内旅游业的规划，以吸引更多投资，努力把科威特建设成为旅游业发达的国家。

一般来说，科威特旅游旺季是每年11月至次年3月，这段时间温度适宜，湿润多雨。相对于此时较为寒冷的大多数北半球国家来说，科威特是理想的避寒地。淡季为4~10月，此时正值盛夏，酷热高温，干旱无雨，多沙尘暴。到科威特旅行须注意遵守科威特有关的法律法规，尊重伊斯兰教和科威特人的风俗习惯，不食猪肉、不饮酒、不喝含酒精的饮料，外出必须随身携带身份证件和护照复印件。

科威特主要旅游景点包括科威特城、科威特大塔、国家博物馆、绿岛、海依兰乐园、娱乐城、法拉卡岛等。

科威特城是科威特首都，是科威特政治、经济、文化中心和重要港口，也是波斯湾海上贸易的国际通道。科威特城位于波斯湾西岸，风光明媚、绚丽多姿，是阿拉伯半岛的一颗明珠，年最高气温55℃，最低8℃。城内到处都是具有伊斯兰风格的高楼大厦，豪华饭店、大型购物中心、景观公园和各式花园随处可见，其中以国家元首办公的剑宫、法蒂玛清真寺、议会大厦、新闻大楼、电报大楼最为著名。科威特城最吸引游人眼球的建筑当属各种各样的水塔，它也是科威特最负盛名的标志性建筑物。据统计，科

第四章 科威特文化

威特城全市有几十座储水塔,最雄伟的是科威特大塔。这些水塔设计新颖,形式多样,有的3个一组,有的6个或9个一组,是现代科威特的象征。

科威特大塔位于科威特城东北角,是科威特最主要的人文建筑和观光旅游胜地。大塔建于1977年,由3座造型各异的塔组成,主塔高187米,直径32米,由上下相距40米的两座球形建筑串成,分别象征地球和月球,其他两座塔分别高147米和113米,每个球形储水塔能储水100万加仑。科威特大塔上还有旋转餐厅等,是集储水、旅游、观赏为一体的宏伟建筑。站在这里,科威特城尽收眼底,人们常说:"不参观科威特大塔,不能算来过科威特。"每年2月25日晚上,即科威特国庆之夜,会在科威特大塔前的广场上燃放礼花以示庆祝。这时,科威特王室成员和政府大臣都要登塔观赏,因而,科威特大塔也是科威特政府举行政治活动的场所之一。

绿岛为填海而成的人工岛,位于科威特城海湾大道海滨地区,面积为20万平方米,直径半公里,周长1600米,通过一条250米的长堤与大陆相通。绿岛东边有一供游泳的人工湖,湖的两边各有一座占地500平方米的饭店。环岛周围生长着种类不同、颜色各异的植被,令人赏心悦目。岛上的观光火车可载游客观赏全岛风光。

多哈游乐城位于科威特城西北端20公里的多哈镇,1984年3月14日正式建成对外开放,是海湾地区最大的一座现代化综合游乐中心。多哈游乐城是美国"迪斯尼乐园"在科威特的翻版,它同时具有阿拉伯建筑风格和国际建筑风格。

游乐城分为"阿拉伯世界""国际世界""未来世界"。

法拉卡岛位于科威特湾口,与科威特城隔海相望,面积44平方公里,是科威特的第二大岛,也是科威特最重要的游览区和避暑地。法拉卡岛被称为科威特文明史的摇篮,科威特政府非常重视对法拉卡岛的开发和保护建设,投巨资把它开发成为供观光旅游和避暑的胜地。法拉卡岛建有博物馆,展出出土文物,供游人参观。在法拉卡岛南端的旅游住宅区建有472套造型新颖、雅致的平房,25个附设有停车场的汽车旅馆,专供有各种需求的游客租用。住宅区面海背陆,凭窗眺望,烟波浩渺的海面上海鸥飞舞,游艇点点,令人心旷神怡。

海依兰乐园距科威特城120公里,离沙特阿拉伯边境20公里,是科威特的旅游娱乐胜地,1987年2月23日对外开放。海依兰乐园内有195栋别墅,其中24栋是"皇家"豪华别墅,48栋公寓套房,123栋普通别墅。别墅内部布置优雅,全部使用豪华家具,在这里可以享受星级饭店的服务。海依兰乐园拥有多处游泳池、体操与健身房,还有足球场、篮球场等各种体育运动场及游艇俱乐部等。人们既可乘小船在海上游玩,也可乘火车到各个活动场所活动。

科威特坐落于波斯湾的优美环境之中,拥有中东地区最壮丽的一段海岸线。科威特海滩附近的水域风景如画,洁白的沙滩和蔚蓝色的海水勾勒出的迷人美景动人心弦。

为了发展旅游文化,吸引八方宾客,科威特政府每年都要举办哈拉节。"哈拉"一词在科威特语中有"你好"或"欢迎"之意,表示科威特人欢迎世界来客。哈拉节是目前海湾地区最大的综合性文化艺术节,也是科威特的一个重要节日,在每年1月底或2月初举办。哈拉节实际上也是科威特全国性的旅游、商业促销月。在近一个月的节日期间,科威特政府和民间团体会组织各种形式的娱乐活动,航空公司和饭店竞相打折吸引国内外游客,商家店铺也减价售货,各种商品会减价50%~70%,以招徕顾客,因此,哈拉节在当地也被称为"打折节"。

第五章 对外关系

第一节 外交政策与立场

一 外交政策

科威特奉行和平中立的外交政策,主张在和平共处五项原则的基础上同所有国家发展关系;强调应通过和平方式解决国际争端;致力于维护科威特独立、主权和领土完整;与美国及西方国家关系密切;积极维护阿拉伯国家的团结,强调同沙特阿拉伯等海湾合作委员会国家在政治、经济、军事等领域的协调与合作,以维护海湾地区的安全与稳定。在国际事务中,科威特主张建立公正、合理的国际新秩序,反对侵略扩张,认为联合国应为维护世界的安全与和平发挥作用。主张解决第三世界债务问题。1990年海湾战争后,科威特同美国等西方国家的关系更加密切,科威特境内一直有美军驻扎。同时,科威特高度重视同其他大国的关系。近年来,科威特更加积极地发展同中国等亚洲国家的合作。科威特是联合国、阿拉伯国家联盟、阿拉伯议会联盟、海湾阿拉伯国家合作委员会、石油输出国组织和阿拉伯石油输出国组织等国际和地区组织的成员国。迄今已同120个国家建立了外交关系。

二 对当前重大国际和地区问题的立场

伊拉克问题

科威特认为伊拉克萨达姆政权的倒台消除了科威特和本地区安全的最大威胁。欢迎和支持伊拉克的政治重建，呼吁伊拉克各派保持克制，通过对话实现国家稳定，实现民族和解，希望伊拉克成为其和平、安全、稳定、守信的睦邻国家。在伊拉克推动联合国安理会重新评估所有涉伊决议问题上，科威特希望保留其在有关科威特失踪人员和财产寻找、科伊边界划分和维护、要求伊拉克战争赔偿等方面所获得的安理会授权。

反恐问题

科威特反对一切形式的恐怖主义和暴力行径，支持国际社会打击和消除恐怖主义的一切势力。同时，反对将恐怖主义与特定的国家、民族或宗教挂钩。

中东问题

科威特支持并致力推动中东和平进程，主张在安理会决议、"土地换和平"、阿拉伯和平倡议等基础上解决解决巴以争端；强调应承认巴勒斯坦人民合法的民族权利，包括自决和建立独立国家的权利，认为这是解决中东问题的关键；主张以色列应全面执行同巴勒斯坦签署的所有和平协议，从被占领土全面撤军，停止改变耶路撒冷现状的行为和在被占领土建移民点等。

伊朗核问题

科威特承认伊朗有和平利用核能的权利,但认为伊朗的核活动应接受国际原子能机构的监督。科威特对伊朗核问题的不断升级表示担忧,呼吁应政治解决伊朗核问题,希望伊朗能够恪守承诺,只将核计划用于和平目的。强调中东应成为无大规模杀伤性武器的地区。

第二节 同欧美国家及日本、印度的关系

一 同美国的关系

科威特同美国关系密切。科威特独立前,美国在科威特设有领事馆。1961年6月科威特独立后,两国迅即正式建立外交关系。20世纪六七十年代初,由于对美国在中东偏袒以色列的政策深感不满,科威特与美国关系转淡。1973年10月第四次中东战争期间,科威特反对美国的中东政策,参加了阿拉伯石油输出国组织对美国、荷兰等国的石油禁运。伴随着阿拉伯国家同美国关系的改善,科威特与美国的关系也得到迅速发展。两伊战争期间,美国应科威特要求,同意科威特租用美国油轮,允许科威特油轮在美国注册(悬挂美国国旗),并由美国军舰为其护航,美国同科威特的战略合作关系由此得以加强。

1990年8月,科威特被伊拉克占领。1991年2月,以美国为首的多国部队驱除了伊拉克占领者,解放了科威特,科威特同美国的关系得以进一步加强,科威特成为美国在

海湾地区的坚定盟友。1991年9月19日,科威特与美国签订了为期10年的《安全防御协定》,2001年该协定又续签10年。美国获得了在科威特建立军事基地、驻军、储存武器、使用科威特机场和港口、与科威特举行联合军事演习等权利。海湾战争结束后,科威特与美国每年都会举行陆海空军事演习,以增强科威特的防御能力。"9·11"事件后,科威特积极支持美国打击恐怖主义的行动。2003年美国发动对伊拉克战争时,科威特成为美军的主要基地,美国在科威特驻有15万名陆军军人和两个空军远征大队。

在经贸方面,美国是科威特的主要贸易伙伴之一。科威特在美国有大量的投资和存款,美国在科威特对外投资中居于首位。根据美国政府的统计,2011年美国从科威特进口原油的金额达780亿美元,2012年科威特从美国进口的商品额达26亿美元,科是美国在中东地区的第5大市场。根据美国官方发布的数据,2014年,美国与科威特双边贸易额为150.9亿美元,同比微降0.9%。其中,自科威特进口114.4亿美元,同比下降9.5%;向科威特出口36.5亿美元,同比增长40.7%。

二 同英国的关系

科威特同英国的交往肇始于19世纪末期,英国长期控制着科威特的外交与防御事务。1939年科威特正式沦为英国的"保护国"。1961年6月科威特独立后,终止了1899年与英国签订的保护协定,代之以《相互友好合作条约》。当科威特主权遭到伊拉克威胁时,英国应邀立刻向科威特派出军队。20世纪六七十年代,科威特的武器装备主要来源于英国。1971年英国从海湾地区撤出驻军后,科英两国间的军事交往明显减少,科威特的军队装备也逐步向美式转变。

1990年8月海湾危机爆发后,英国紧随美国宣布出兵海湾地区,并参加了以美国为首的多国部队发动的解放科威特战争。海湾战争结束后,科威特同英国一直保持友好密切的关系,两国领导人和政府官员互访频繁。1992年2月11日,科威特与英国签署了为期10年的《安全谅解备忘录》。1999年2月,科威特同英国签署了避免双重征税、禁止与所得税和资本税有关的资本外逃的协议。2003年伊拉克战争爆发前,英国在科威特驻有军队约3万人,以及"旋风"式战斗机8架。2010年2月13日,科威特海岸警卫队与英国皇家海军举行了联合军事演习,双方在英国皇家海军"蒙茅斯"号军舰上集中演练了海上反恐和打击走私活动等项目。

英国是科威特的主要贸易伙伴之一,科威特是英国的重要投资者。科威特在英国的投资达100多亿美元。据科通社报道,科威特与英国2014年的贸易额已达61亿美元。

三 同法国的关系

科威特与法国早在20世纪六七十年代就建立了军事关系,1969年1月,科威特与法国达成筹建第一支舰队协议,并从法国购进了20架"幻影"式战斗机。1983

年3月，科威特同法国签订了购买法国"空中客车"民用飞机合同，价值约达10亿美元。1983年5月，科威特国防大臣萨利姆访问法国，两国签订了价值9500万美元的军火协议。1991年2月，法国参加了多国部队解放科威特的战争，并在1992年8月18日与科威特签订了为期10年的《防务合作协定》。1993年10月，科威特国防大臣访问法国，同法方签订了总额为15亿法郎（2.68亿美元）的武器装备购买合同。1995年3月，法国国防部部长访问科威特，双方又签署价值5.5亿美元的军售合同。

1997年7月，科威特石油公司与法国TOTAL公司签订了为期3年6个月的石油天然气技术服务协议。2000年11月，科威特与法国签订了文化艺术合作协议。2004年1月，科威特与法国签署了《发展双边关系谅解备忘录》，随后，双方进行了"西部珍珠2004"联合军事演习。2010年4月，科威特首相纳赛尔·萨巴赫访问法国，与法国总理菲永签署了为期20年的民用核能合作协议，法国将在有关国际公约的框架下，向科威特提供民用核能设备和技术支持，并帮助科威特培训核能方面的技术人才。2013年，科威特与法国的双边贸易额达到24亿美元，为1984年以来的最高水平。

四　同德国的关系

德国是继日本、美国之后的科威特第三大贸易伙伴，并把科威特作为其加强与海湾国家经贸关系的桥梁。1965年，德科两国正式建交。同年，因当时的联邦德国与以色列建交，科威特宣布与其断交，但允许联邦德国保留在科威特的总领馆。1972年,两国复交。

2004年,德国经济部部长凯利姆·内特率领德国经济委员会代表团访问科威特,与科威特就加强双边经贸关系和互相增加在对方的长期投资等事项进行商谈。2005年2月,德国总理施罗德访问科威特,出席了由德国西门子公司在科威特南部援建的一座天然气发电站二期工程的竣工典礼。双方签署了两国间经济合作协议,决定成立两国经济贸易技术混合委员会。双方还签署了安全合作协议和谅解备忘录,并就德国帮助科威特建立培训学院达成协议。2007年2月,德国总理默克尔访问科威特。2010年,科威特埃米尔萨巴赫访问德国,双方签订了新的贸易协定。同年,两国的贸易额迅速上涨了76%。2011年12月,德国总统武尔夫访问科威特。2013年,德国对科出口额达到了13.2亿欧元,进口额达到3.56亿欧元。科威特对德国的投资达到183亿美元,德国企业也开始在科威特进行投资。

五 同俄罗斯的关系

1963年,科威特与苏联建交,是与苏联建交最早的海湾国家。苏联解体后,科威特与俄罗斯继续保持正常的关系。20世纪70年代,科威特从苏联购买了相当数量的"萨姆"型防空导弹和系列"月神"式导弹,并聘请苏联军事技术人员前来指导安装。1976年1月,科威特与苏联签订武器供应、建设海军港口和空军基地的协议。1984年7月,科威特与苏联签订了军事训练协定和价值3.27亿美元的军火合同。1986年,科威特又与苏联签署一笔价值 23 亿美元的武器交易合同。1991 年海湾战争结束后，科威特同苏联签订了一项为期 10 年的《科威特与苏联联合防御协定》。1993 年 12 月，科俄两国海军在海湾地区举行了首次海上联合军事演习。

自 2000 年以来，两国政府间的高层互访频繁。2001 年 8 月，俄罗斯外交部特使尼古拉·卡尔图佐夫访问科威特，与科威特第一副首相兼外交大臣萨巴赫就海湾战争遗留问题、伊拉克问题和中东局势举行了会谈。2003 年 4 月，科威特外交国务大臣兼代理财政计划大臣穆罕默德访问俄罗斯。2006 年 5 月，俄罗斯外交部部长拉夫罗夫访问科威特，与科威特就地区形势和伊朗核问题进行了会谈。2010 年，科威特副首相兼外交大臣穆罕默德访问俄罗斯。2010 年 8 月，科威特石油和新闻大臣艾哈迈德·阿卜杜拉·萨巴赫访问俄罗斯，并出席科威特与俄罗斯第三届经贸科技合作联委会，与俄方商讨了两国在经济、贸易、石油、投资、旅游、文化以及能源出口等领域的合作问题，签署了包括上述各项议题的会议纪要，双方在投资、贸易、技术、文化、能源和石油领域新组建了三个专门委员会，以便更好地在这些领域展开合作。

六 同日本的关系

多年来，日本一直是科威特的主要贸易伙伴，日本主要从科威特进口原油及石油产品，向科威特出口电器、机械、纺织品及其他日用品。海湾战争期间，日本为多国部队支付了 130 亿美元的军费开支，为科威特战后重建提供了大量贷款。

1995年10月，科威特埃米尔贾比尔·艾哈迈德·萨巴赫访问日本，双方就经贸合作及海湾形势等问题进行了会谈。1996年，两国贸易额达38.28亿美元，其中日本进口额为28.84亿美元。2007年，日本首相安倍晋三访问科威特。2011年4月18日，科威特政府决定，无偿援助日本500万桶原油（价值约5.5亿美元），以支援日本大地震后的重建工作。2012年3月22日，科威特石油大臣哈尼·侯赛因与日本领导人就两国新能源领域石油开采和技术服务合作事宜达成一致。日本阿拉伯石油公司与科威特石油公司签订了20年的石油购买协议。2013年8月26日，日本首相安倍晋三再次访问科威特，与科威特首相贾比尔进行会谈并发表联合声明，内容涉及外交、安全、能源、医疗及农业合作等领域。2014年10月，科威特国家发展与计划大臣和社会事务与劳工大臣访问日本，代表科威特政府与日本签署了两份关于交通运输和公共工程项目方面的合作协议。据科通社报道，2014年10月，科威特对日本贸易顺差为9.04亿美元，同比增长10.6%，科威特对日本出口11亿美元，同比增长12.3%；从日本进口1.75亿美元，同比增长22.3%，已连续4个月增长。

七　同印度的关系

科威特同印度的关系友好、密切，特别是2013年11月科威特埃米尔访问印度之后，双方互信进一步增强，经贸关系快速发展。

科威特外籍人口中来自印度的人数最多。据《阿拉伯时报》2014年7月8日报道，在科威特的印度人数已达762471人。科威特是印度石油和液化石油气的最主要供应国。2013~2014财年，双边经贸额达到180亿美元。在工程承包市场上，2014年印度获得了6.4亿美元的萨巴赫医院项目，以及5.2亿美元的科威特大学项目。在石油行业，印度公司获得了一个8.4亿美元的集气中心项目和一个8.1亿美元的集气中心项目。2012年4月，科威特与印度在印度首都新德里签署了《科威特与印度医疗合作谅解备忘录》。

第三节 同埃及以及同周边国家的关系

一 同埃及的关系

科威特同埃及的关系比较密切，科威特独立后不久即与埃及建立了正式外交关系。1980年3月，埃及与以色列签订和平协议后，科威特等阿拉伯国家纷纷与埃及断绝外交关系。穆巴拉克执政后，埃及与阿拉伯世界的关系得到和解，1987~1988年，科威特等阿拉伯国家与埃及恢复了外交关系。

2000年以来，科威特和埃及两国领导人和政府官员互访频繁。2011年穆斯林兄弟会在埃及的崛起让海湾国家感到不安，害怕在本国助长伊斯兰主义，担心保守的王朝统治会受到穆斯林兄弟会的影响。科威特等海湾国家筹措了一个价值12亿美元的一揽子援助计划,支持埃及军方推翻了穆斯林兄弟会政权。2013年,埃及总统穆尔西下台后,沙特阿拉伯、阿联酋和科威特一改常态,宣布将向埃及提供总计120亿美元的援助,以协助埃及走出经济阴霾。其中,科威特提供价值40亿美元的援助。据《科威特时报》2013年7月15日报道,科威特派出两艘油轮,向埃及运送价值2亿美元的原油和柴油。埃及总统塞西执政后,科威特对埃及政治、经济和军队的稳定给予了极大的支持。2015年1月,埃及总统塞西访问科威特,与科威特埃米尔萨巴赫进行了会谈,塞西表示,他与科威特埃米尔萨巴赫在地区热点问题,如利比亚、叙利亚、伊拉克和也门等问题上有相同的立场和看法。

科威特一直致力于支持埃及经济的发展。科威特是埃及第三大阿拉伯投资者,总投资额4.9亿科第,占埃及阿拉伯投资总额的25%左右。投资主要集中在工业、旅游、通信、建筑和慈善事业领域。自1964年双方签署了第一个经济协定后,双方又陆续签署了很多协议。如1998年签署了经济技术合作协定,2012年更新了此项协议,更新后的协议涵盖所有的贸易和工业领域以及技术标准、质量管理、中小项目合作和鼓励私营部门投资等。

科威特阿拉伯经济发展基金会为埃及的38个项目提供总额约6.62亿科第的优惠贷款,还提供了9笔总额为197万科第的赠款和技术援助。此外,科威特阿拉伯经济发展基金会还为1992年埃及地震中损毁学校的重建和1995年水灾后部分村庄的重建提供了2笔总额为480万科第的赠款。2014年

12月6日，科威特阿拉伯经济发展基金会与埃及签署了一份贷款协议，对埃及开罗西部电站扩建项目增加3000万科第（约1.05亿美元）的贷款额度。以上贷款年限为24年，并有6年的宽限期，占该项目总投资额的13%。截至2014年12月，科威特阿拉伯经济发展基金会已为埃及提供了总额为23.12亿美元的贷款。

二 同沙特阿拉伯的关系

科威特同海湾合作委员会各国均保持着友好合作关系，加强同它们的团结与合作始终是科威特对外政策的重点。自1981年5月成立海湾合作委员会以来，科威特一直在该组织中发挥着积极作用，同各国的关系得到不断加强和发展，各方高层往来不断，经常就共同关心的问题交换看法，并及时解决存在的问题。

科威特与沙特阿拉伯（简称沙特）的关系比较密切。两国的统治家族即沙特阿拉伯的沙特家族和科威特的萨巴赫家族原来都生活在阿拉伯半岛腹地的纳吉德地区。1964年3月，科威特与沙特草签了一份平分中立区（面积5700平方公里）领土主权和均享石油利益的协议。1970年，两国划定分界线，中立区不复存在。1981年，两国共同发起成立海湾合作委员会，两国关系得到了进一步加强。1990年8月，伊拉克占领科威特后，科威特埃米尔、首相等政府官员全部逃亡沙特，并在沙特的塔伊夫建立了流亡政府。沙特政府对科威特流亡政府予以盛情款待和全方位的支持。2000年7月，经过多年协商谈判，科威特与沙特就海上中立区边界划分达成协议。根据科沙近海中立区边界协定，沙特同意把有争议的两个岛屿（乌姆马拉迪姆和卡鲁）及其周围1英里的区域让给科威特，中立区内的石油、天然气储藏仍由双方共享。

21世纪以来，两国关系明显加强，两国领导人和政府官员互访频繁。2011年5月，第13届海湾合作委员会首脑会议在沙特首都利雅得举行，元首们就如何应对"阿拉伯之春"革命风暴进行了磋商。随即，科威特和沙特两国以海湾合作委员会"半岛盾牌部队"的名义联合向巴林派兵，制止了那里民众的抗议示威行动。2015年3月，也门危机爆发后，科威特与沙特、阿联酋、卡塔尔、巴林组成5国联军，帮助也门抵抗胡塞武装组织。

2015年8月，科威特与沙特两国关系因海夫吉油田争议升级变得紧张起来，沙特国防大臣穆罕默德·本·萨勒曼扬言沙特会进攻并占领科威特，他声称根据历史文件，不仅海夫吉油田，而且整个科威特都是沙特领土的一部分。科威特对此提出严重抗议，并指出其与沙特共有的海夫吉油田持续关闭将造成巨大损失，要求沙特政府必须对这些损失做出赔偿。

三 同伊拉克的关系

伊拉克是科威特的北邻，两国之间有240公里长的边界线。历史上，科威特是隶属于奥斯曼土耳其帝国的巴士拉（今属伊拉克）的一个自治省份。第一次世界大战期间，英国占领科威特并促使其独立，但是伊拉克始终没有承认科威特的独立。1963年，伊拉克复兴党政府承认科威特独立，两国签署了伊科边界协议，但伊科之间仍有160公里长的边界尚未划定。1973年和1974年，科威特和伊拉克两国在边界地区曾发生两次武装冲突。1975年，科威特政府拒绝了伊拉克有关割让沃尔巴岛、租借半个布比延岛99年的要求。两伊战争期间，科威特公开宣布中立立场，积极参与和支持各种调解活动，同时出于民族感情和义务，在道义、物力和财力上给予伊拉克巨大的支持和帮助，仅提供的贷款就达50亿美元之多。

1990年8月2日，伊拉克出兵侵吞科威特，并由此引发了7个月之久的海湾危机和海湾战争。科威特埃米尔贾比尔·艾哈迈德·萨巴赫、王储兼首相萨阿德及其他王室成员和政府官员逃离科威特，随后在沙特阿拉伯成立了流亡政府。8月4日，伊拉克萨达姆政权在科威特成立了"自由科威特临时政府"，随后，宣布科威特为其第19个省。伊拉克对科威特的侵吞震惊了整个世界。联合国安理会先后通过12项决议，要求伊拉克立即无条件从科威特撤军，恢复科威特合法政府。1991年2月，在以美国为首的多国部队帮助下，科威特获得解放。1991年2月26日，伊拉克接受联合国第660号决议，从科威特撤军，科威特合法政府得以恢复。1993年5月27日，联合国安理会通过第833号决议，重新划定伊科两国边界。然而，伊拉克一直没有放弃对科威特的主权和领土要求，直到1994年3月，伊拉克政府才表示愿意同科威特讨论"所有悬而未决的问题"，包括边界、战俘以及战争赔偿等问题。同年11月，伊拉克宣布承认科威特主权和根据联合国安理会第833号决议划定的伊科边界。

1998年底美国对伊拉克实施"沙漠之狐"军事行动后,科威特外交大臣萨巴赫表示,科威特与此次行动无关,也不是敌对行动的一方。伊拉克则指责科威特为美、英军事行动开绿灯,呼吁科威特人民推翻科亲美政权。2002年3月,在贝鲁特召开的阿拉伯国家首脑会议上,伊拉克革命指挥委员会副主席易卜拉欣在发言时宣布,伊拉克将在尊重科威特主权、独立、领土完整、稳定和国际承认的边界的基础上,结束两国的对抗并实现关系正常化。同年12月7日,伊拉克总统萨达姆就伊拉克在1990年占领科威特一事向科威特人民表示道歉。同时,萨达姆总统也指责"科威特领导人和美国以及伊拉克反动派联合,共同对付伊拉克"。

自伊拉克危机爆发以来,作为伊拉克的邻国,科威特政府曾多次表示,科威特与其他阿拉伯国家一样,不希望在伊拉克发生战争。科威特政府认为,阿联酋提出的让伊拉克萨达姆总统下台的建议是和平解决伊拉克危机的唯一途径。并表示只要萨达姆下台,科威特乐于与伊拉克的新政府合作。2003年4月,美英联军占领伊拉克首都巴格达后,科威特第一副首相兼外交大臣萨巴赫·艾哈迈德表示祝贺伊拉克人民获得解放,并宣布捐款4000万美元,用于援助伊拉克人民。同时,科威特还向伊拉克援助了大量药品、医疗器械和海水淡化装置等,以示对伊拉克人民的同情和关爱。2004年6月,科威特政府与伊拉克临时政府宣布恢复正常的外交关系并决定互派大使。科威特表示将在支持伊拉克实现安全与稳定方面发挥作用,并帮助伊拉克在阿拉伯世界和国际领域施展积极影响。但是,两国之间还有许多问题尚待解决。

2011年,科威特首相纳赛尔·穆罕默德·艾哈迈德·萨巴赫访问伊拉克,这是22年来首位科威特首相访问伊拉克。双方重点讨论了战争赔款和边界划定等悬而未决问题。2011年上半年,伊拉克成为科威特非石油产品最大进口国,科威特对伊拉克的出口(含转口)额达到8840万科威特第纳尔,占全部出口额的27%。2012年,科威特埃米尔萨巴赫·艾哈迈德·贾比尔·萨巴赫正式访问伊拉克,两国就陆地和海上边界达成协议,最终解决了影响两国关系的边界问题。同年,伊拉克通过联合国赔偿委员会累计向科威特支付战争赔款377亿美元(总赔款额约为525亿美元)。2013年2月,科威特与伊拉克正式恢复通航,预示着伊拉克正在向世界开放,科伊两国关系也向积极的方面进展。为进一步推动双边关系发展,科威特与伊拉克在2014年12月27日召开了第4届双边高级联委会。此次会议由科威特副首相兼外交大臣哈立德·哈马德和伊拉克外长易卜拉欣·贾法里共同主持。会议的重点是促进双边关系的发展。据科通社2015年2月1日报道,科威特Al Nasriyah Al Kuwaitiah公司赢得伊拉克南部Diwaniya机场和航空城项目建设和运营的合同。该项目合同总额为135亿美元,分三个阶段建设,即机场建设、自贸区建设和航空城建设,整个项目工期为5年。

四 同伊朗的关系

科威特同伊朗的关系受地区形势影响,发展坎坷、曲折。1965年6月,两国草签协议,决定成立专门的委员会来研究两国领海问题。1968年1月,两国就海湾大陆架沙洲问题达成协议。1971年11月,伊朗出兵占领地处霍尔木兹海峡的阿布穆萨岛和大、小通布岛,科威特表示坚决反对。1979年2月,科威特宣布承认伊朗伊斯兰革命胜利后建立的霍梅尼政权。但科威特又对伊朗存有戒备和防范心理,担心伊朗输出"伊斯兰革命",危及科威特政权。两伊战争期间,科威特采取了支持伊拉克的立场,同时对科威特境内与伊朗有联系的宗教激进组织持高压政策,并驱逐了大量伊朗人。1989年伊朗最高精神领袖霍梅尼去世后,两国关系逐渐得到改善。

海湾战争期间,伊朗同情科威特。海湾战争结束后,科威特主张海湾安全体系不应该将伊朗排除在外。在伊朗同阿联酋有关海湾阿布穆萨、大通布、小通布三岛归属争端中,科威特支持阿联酋的立场,赞同阿联酋将争端诉诸国际法院仲裁的主张。1997年3月,伊朗外长韦拉亚提访问了包括科威特在内的海湾六国,表达了希望消除障碍,建立睦邻友好关系的强烈愿望。1997年12月,科威特埃米尔贾比尔·艾哈迈德·萨巴赫出席了在伊朗首都德黑兰召开的第八届伊斯兰会议组织首脑会议。双方相互接触,并取得了新的谅解。2006年2月,伊朗总统艾哈迈德·内贾德正式访问科威特,商谈向科威特供气、供水以及划分大陆架问题。2007年2月，科威特副首相兼外交大臣穆罕默德访问伊朗，宣布科威特支持伊朗的核计划，相信它是为了和平目的，美伊之间的僵局只能通过谈判来解决。2009年11月，科威特首相纳赛尔·穆罕默德·艾哈迈德·萨巴赫访问伊朗，就进一步加强双边关系与伊朗总统内贾德进行会谈，这是1979年伊朗伊斯兰革命胜利后科威特首相第一次访问伊朗。此后，两国关系因受所谓"伊朗间谍网"的影响再度紧张，直到2011年5月，伊朗外长萨利希访问科威特，双方关系才得到一定程度的缓和。

2014年6月1日至2日，科威特埃米尔萨巴赫·艾哈迈德·贾比尔·萨巴赫对伊朗进行了历史性的访问。他同伊朗总统鲁哈尼、伊朗最高宗教领袖阿里·哈梅内伊就发展与加强两个兄弟国家间业已存在的、有利于双方共同利益的良好关系，以及共同关心的地区与国际局势问题举行了正式会谈。双方签署了安全领域的合作协议、航空服务协议与相关谅解备忘录、海关事务互助合作协议、青年体育事务的谅解备忘录、旅游合作的谅解备忘录和环境保护与可持续发展领域合作的谅解备忘录等合作文件。据《科威特时报》2014年9月17日报道，科威特外交部次大臣哈立德表示，科威特愿与伊朗在国际联盟之外开展合作，打击"伊斯兰国"（IS）。据科通社报道，2015年7月，在伊朗核问题六国与伊朗达成解决伊朗核问题全面协议后，科威特埃米尔萨巴赫向伊朗总统哈桑·鲁哈尼和伊朗最高宗教领袖阿里·哈梅内伊发去贺电，称赞该协议为历史性的协议，并表示希望协议的达成能够推动该地区进一步繁荣发展。

海湾战争结束后,科威特与伊朗双边经济交往得到加强。1992年,科威特石油公司与伊朗国家石油公司签订合同,前者每年向后者提供70万吨原油制品,这是自1980年以来两国第一次签订贸易协议。1997年,科威特与伊朗两国的贸易额达7400万美元(不包括石油贸易)。2003年,两国外贸规模超过1.8亿美元,但伊朗认为,双边经济规模仍然偏小,尚未达到理想水平,双方应进一步加强在运输、旅游、工程项目等领域的合作,以及加强私营部门之间的合作。

五 同其他阿拉伯国家的关系

1990年8月海湾危机爆发后,科威特指责约旦在伊拉克时任总统萨达姆出兵占领科威特后所采取的同情和支持伊拉克的立场,并宣布停止向约旦提供经济援助。约旦当时主张在阿拉伯国家内部解决伊科冲突,反对由美国领导的多国部队以军事手段解放科威特。此后,两国关系一直处于紧张状态,大批在科威特的约旦劳工被驱逐出境。海湾战争前,科威特共有近35万名约旦劳工,海湾战争后仅剩下不到1/10。两国自1997年5月起开始改善关系。1999年3月,约旦外交大臣哈蒂卜正式访问科威特并重开约旦驻科使馆,两国关系基本恢复正常。1999年9月,约旦国王阿卜杜拉二世访问科威特,这是海湾战争结束后约旦国王首次访问科威特。2003年11月11日,约旦国王阿卜杜拉二世再次访问科威特,双方就加强两国在政治和经济领域的合作举行了会谈。双方还就巴以冲突和伊拉克问题交换了看法。2010年，科威特埃米尔萨巴赫·艾哈迈德·贾比尔·萨巴赫访问约旦，这是科威特国家元首自海湾战争以来首次访问约旦。两国元首在会谈中讨论了中东局势的最新发展，重申支持有关各方为解决巴以冲突所付出的努力。双方一致指出，只有在"两国方案"的基础上，建立一个与以色列并存的独立的巴勒斯坦国，才可能在本地区实现公正和长久和平。两国元首表示，双方在各领域的合作仍有巨大潜力，特别是在能源、贸易、金融和投资等方面，两国应进一步拓展合作空间和探索新的合作途径。会谈后，两国政府签署了3项合作协议和谅解备忘录，内容包括和平利用核能、文化交流和基础设施建设。科威特埃米尔此次对约旦的正式访问标志着两国关系已经正常化。

由于也门在海湾战争中的立场，科威特中断了与也门的外交关系，停止了对也门的经济援助。海湾战争结束后，也门极力改善和恢复与科威特的关系，1999年5月，也门副总理兼外长巴杰麦勒访问科威特，两国复交。2000年6月，也门同沙特阿拉伯签订边界协定后，科威特恢复了对也门的财政援助，两国贸易往来和经济合作有所发展，科威特对也门石油、房地产和旅游等行业进行投资。2008年3月10日，也门投资总局主席阿塔尔和科威特EWAA公司董事长阿卜杜在科威特签署了一项投资合作协议。科威特EWAA房地产公司将投资40亿美元在也门实施房地产和旅游开发项目。也门危机爆发后，科威特首相谢赫贾比尔·穆巴拉克·萨巴赫表示，科威特支持也门人民的合法诉求，同时呼吁也门国内各方通过执行海湾阿拉伯国家合作委员会（海合会）的调解协议来实现也门的团结与稳定。2013年6月，科威特与也门实现直航。同年7月，科威特境外石油开发公司获得也门石油区块经营开发权。2014年10月，科威特阿拉伯经济发展基金会宣布，其已和也门签署了总价值为7257万美元的两份贷款协议，以资助也门的一个电力输送项目和一个市政工程企业。也门军事冲突爆发后，2015年3月，应也门总统要求，沙特阿拉伯、科威特、卡塔尔、阿联酋和巴林五国联手帮助也门抵抗胡塞武装组织，科威特为此出动了15架军机。

卡塔尔是科威特的近邻，两国关系密切。据科通社2014年4月28日报道，科威特与卡塔尔签署了液化天然气进口合同，以满足科威特的能源需求。

科威特与巴林关系密切。2002年，科威特投资者在巴林股票交易所购买的股票总量为1.26亿股，总价值达1611.8万巴林第纳尔，是仅次于巴林投资者的第二大投资者。2011年2月14日，巴林爆发了大规模的反政府示威活动，示威者提出政府辞职、修改宪法、民选首相和公平对待什叶派穆斯林等要求，并与军警发生冲突。为帮助巴林实现稳定，海湾阿拉伯国家合作委员会决定将在10年内向巴林提供100亿美元的经济援助。科威特派出一支海军部队，加入海湾阿拉伯国家合作委员会为帮助巴林稳定局势而组建的部队。2012年9月3日，巴林政府与科威特阿拉伯经济发展基金会签署框架协议，科方向巴方提供25亿美元赠款，分10年实施，每年2.5亿美元，主要用于巴林住房、道路、发电、供水、工业、社会发展等领域。2013年4

月 10 日，科威特阿拉伯经济发展基金会负责人与巴林外交大臣签署融资协议，提供 13 亿美元用于巴林的电力配送、住房和道路等民生项目。该项融资是 2011 年海合会宣布的向巴林、阿曼各提供 100 亿美元援助计划的一部分。

科威特与叙利亚的关系发展良好，两国有很多合作机会。在叙利亚，有很多重要的科威特投资项目，有国有的，也有私营的。叙利亚与科威特的贸易额从 2005 的 1 亿美元迅速发展到 2006 年的 3 亿美元，科威特在叙利亚的投资已达到 60 亿美元。叙利亚危机爆发后，科威特等阿拉伯国家一致支持叙利亚反对派，但坚持认为结束叙利亚血腥冲突的唯一办法是通过政治途径。

科威特积极为叙利亚难民提供援助。联合国分别在 2013 年和 2014 年举办了两次对叙利亚的人道主义募捐大会，两次会议分别募集了 15 亿美元和 24 亿美元资金，其中科威特捐赠 8 亿美元。科威特同时也为土耳其南部的叙利亚难民提供人道主义援助。2015 年 3 月 31 日，叙利亚人道主义问题第三次认捐大会在科威特举行，来自 78 个国家和地区的领导人、政府首脑或代表以及 40 多个组织机构的代表出席了此次会议。科威特埃米尔萨巴赫·艾哈迈德·贾比尔·萨巴赫主持会议开幕式并发表讲话。他呼吁国际社会付出更多努力，尽快找到有效途径，通过政治手段解决叙利亚危机，同时宣布科威特将捐助 5 亿美元用于改善叙利亚难民的状况。

第六章　科威特与中国的交往

　　科威特是最早与中国建交的海湾国家。中国和科威特两国人民的友好交往源远流长。自1971年3月中国和科威特正式建交以来，中国和科威特在政治、经贸、文化等领域的友好合作关系全面稳定发展，各领域合作成果丰硕、人民友谊不断加深。双方已成为相互信赖的好朋友和真诚合作的好伙伴。中国作为安理会常任理事国，一贯支持科威特的独立、主权和领土完整，特别是1990年海湾危机期间，中国坚决反对伊拉克侵占科威特，要求伊拉克无条件从科威特撤军，恢复和尊重科威特的独立、主权和领土完整。海湾战争结束后，中国多次重申坚决支持科威特在解决海湾战争遗留问题上的合理要求。科威特在人权、涉台、涉藏等问题上给予中国坚定支持。近年来，中科两国政治互信持续巩固。2014年以来，科威特首相贾比尔和科王室、内阁、军队的领导人分别访华，中国外交部、中联部等多个部门代表团访科。双方就推动双边关系、共建"一带一路"和产能合作等众多重要议题达成共识，在国际事务中的合作更趋密切,为中国同地区国家交往树立了典范。

第一节 中科政治交往和重要互访

1961年6月19日科威特独立时,中国政府总理周恩来曾立即致电科威特首相谢赫·阿卜杜拉·萨利赫表示祝贺。电文说:

> 值此科威特宣布独立之际,我谨代表中华人民共和国政府,向科威特政府和人民表示衷心的祝贺。祝科威特人民在反对帝国主义和殖民主义、维护民族独立以及建设自己国家的事业中取得进一步的成就。祝愿贵国繁荣,人民幸福。

1965年2月和6月,科威特和中国友好代表团进行互访,双方同意采取有效措施发展两国经济、贸易和技术合作关系。1967年,中国在科威特举办了首次经济贸易展览会。

1971年3月22日,中国和科威特两国正式建立了大使级外交关系。同年10月,科威特在第26届联合国大会上对阿尔巴尼亚等国提出的关于恢复中华人民共和国在联合国的一切合法权利的提案投了赞成票。中国和科威特两国外交部于1994年建立了不定期政治磋商机制,并于1997年11月签署了《中华人民共和国外交部和科威特国外交部举行双边磋商谅解备忘录》。目前，双方已进行了8轮磋商。自建交后，中国和科威特两国高层互访不断，相互关系稳步发展。

近年来，中国和科威特两国友好合作关系继续巩固和发展。两国双方保持着各层次友好交往。2008年，科威特埃米尔等领导人先后就中国新一届领导人当选、北京奥运会成功举办致电中国国家领导人表示祝贺，并就中国南方地区遭受雨雪冰冻灾害天气、四川汶川发生特大地震灾害致电中国领导人表示慰问。2010年6月，科副首相兼外交大臣穆罕默德来华出席中国—海合会首轮战略对话。2013年2月，科威特埃米尔特使、首相特使先后访华。2013年9月，科威特工商大臣安纳斯以主宾国代表身份出席在宁夏举行的2013中国—阿拉伯国家博览会。

2009年5月10～12日，应中国国家主席胡锦涛的盛情邀请，科威特国埃米尔萨巴赫·艾哈迈德·贾比尔·萨巴赫对中国进行了国事访问。这是萨巴赫·艾哈迈德·贾比尔·萨巴赫继任埃米尔后的首次访华。访问期间，胡锦涛主席与萨巴赫埃米尔举行了会谈，国务院总理温家宝会见了萨巴赫埃米尔。两国领导人在亲切、友好、坦诚的气氛中就双边关系及共同关心的国际和地区问题深入交换意见，达成广泛共识。5月12日，发表了中国和科威特联合新闻公报。两国还签署了《中华人民共和国政府和科威特国政府高等教育合作协定》《中华人民共和国政府和科威特国政府关于公路水路交通基础设施建设合作谅解备忘录》《中华人民共和国政府与科威特国政府2009～2010年度体育交流计划》

第六章　科威特与中国的交往

《中华人民共和国政府和科威特国政府关于在油气领域开展合作的框架协议的换文批准书》《中华人民共和国与科威特阿拉伯经济发展基金会关于博斯腾湖流域水环境保护和治理项目贷款协议》等。

2014年6月2~7日，应中国国务院总理李克强的盛情邀请，科威特首相贾比尔·穆巴拉克·萨巴赫对中国进行了国事访问并出席中阿合作论坛第六届部长级会议开幕式。访问期间，习近平主席会见了贾比尔首相，国务院总理李克强同贾比尔首相进行了会谈。两国领导人在亲切、友好、坦诚的气氛中就双边关系及共同关心的国际和地区问题深入交换意见，达成广泛共识。习近平主席表示，中国和阿拉伯国家都有一句谚语，叫"患难见真交"。这是中科关系的真实写照。中科建交43年来，两国关系历经国际和地区形势风云变化的考验，始终健康稳定发展，双方是彼此信赖的好朋友、好伙伴。中方高度重视发展中科关系，愿意同科方一道努力，推动两国友好合作迈上新台阶。双方要加强交往，增进互信，继续在涉及彼此核心利益和重大关切的问题上相互坚定支持。双方要着力构建涵盖上中下游的能源战略伙伴关系，同时推进基础设施建设、新能源等领域的合作，推动尽早重启并完成中国—海湾国家合作委员会自由贸易区谈判，共建丝绸之路经济带和21世纪海上丝绸之路，加强两国及地区国家间互联互通、贸易畅通、民心相通。科方高度赞赏中方在中东海湾地区有关问题上一贯秉持客观公正的立场，希望中方为推动实现本地区和平稳定继续发挥建设性的作用。

第二节　中科经贸交往

自20世纪50年代起，中国与科威特就有直接的经贸往来。1971年3月22日中国与科威特正式建交后，两国经贸往来增多，贸易额不断增加。特别是近些年来，中科双方的经济合作与双边贸易关系呈高速发展态势，中国被科威特视为一个主要的贸易伙伴。科威特出口到中国的产品主要为石油及其衍生品，中国则向科威特出口成衣、纺织品、电子产品、建材、家具、玩具、礼品、电器、文具、牲畜和食品等。

为了促进中国与科威特两国的经贸发展，保护两国企业利益，中国与科威特政府自20世纪80年代以来，先后签署了《贸易协定》《鼓励和相互保护投资协定》《关于成立经济、技术和贸易合作混合委员会的协定》《经济技术合作协定》《避免双重征税协定》《中华人民共和国政府和科威特国政府关于对所得和财产避免双重征税和防止偷漏税的协定》《经济技术合作协定》《石油合作框架协议》等。同时，海湾合作委员会还同中国签署了《经济、贸易和技术合作框架协议》。中国与科威特还签订了民航协定，1985年7月，中国与科威特的航线开通。

自20世纪80年代以来，中国与科威特的双边关系得到了长足的发展，双边贸易快速增长。1985年11月，第一艘中国集装箱货船抵达科威特港口，标志着中国与海湾国家间集装箱航运的开始。2015年，中科双边贸易额为113亿美元。其中中方出口额为38亿美元,进口额为75亿美元,分别同比下降16%、增长10%、下降25%。在两国贸易中,科威特一直居于贸易顺差地位(见表1)。目前,科威特已成为中国在阿拉伯国家中的第六大贸易伙伴,中国则是科威特第二大进口国。

表1 2011~2015年中科双边贸易情况

单位:亿美元

年份	中国自科威特进口		中国自科威特出口		进出口	
	金额	同比%	金额	同比%	金额	同比%
2011	91.7	37.0	21.3	15.1	113	32.3
2012	104.5	14.0	20.9	-1.9	125.4	11
2013	95.7	-8.5	26.7	27.9	122.4	-2.4
2014	100.1	4.4	34.3	28.2	134.4	9.6
2015	75.0	-25.1	37.7	10	112.7	-16.1

资料来源:商务部国际贸易经济合作研究院等:《对外投资合作国别(地区)指南——科威特》,2016年9月。

科威特是海湾国家中向中国投资最多的国家之一,涉及国营和民营企业诸多领域,特别是在石油、天然气、银行和工业领域。1982年,科威特阿拉伯经济发展基金会(简称科威特基金会)与中国政府签订了三项贷款协议,向中国提供了3000多万科威特第纳尔的长期低息贷款,分别用于安徽宁国水泥厂、长沙人造板厂和厦门机场等的建设项目。1985年,中国、科威特和突尼斯合资在秦皇岛建立中阿化肥有限公司，总投资额为5800万美元，科威特、突尼斯、中国各占30%、30%和40%的股份，该公司于1991年建成投产，生产两种复合化肥。这个项目被认为是两国合作的典范。1988年3月，科威特向中国政府提供24亿美元贷款，支持中国东北锦州的海港工程建设。1988年12月，科威特向中国提供1000万美元用于山东济南机场的建设。1989年，科威特向中国提供4900万美元贷款，用于中国东北地区的铸铁管工程和深圳机场购买导航仪器及设备。

自20世纪90年代以来，科威特等海湾国家纷纷加大了对中国的投资力度。1992年，科威特国家石油公司和中国海洋石油总公司、美国阿科公司联合开发南海崖城天然气田，该项目是中国改革开放后与外国合作的第一个大型海洋石油天然气项目。截至1995年，科威特是阿拉伯国家中唯一向中国提供政府贷款的国家，也是中国利用阿拉伯国家资金最多的国家。1998年，科威特国家石油公司与中国石油天然气公司达成协定，共同改建山东省的一家炼油厂，将该厂的提炼能力由原来的每天12万桶提升为28万桶。这项工程是科威特国家石油公司在中国化工行业的首次投资。

随着中国经济的快速增长，中国成为科威特海外投资的一个新兴市场。为开拓中国及其他东亚国家的投资市场，科威特于2005年6月26日在科威特城成立了总资产为8000万科第的科威特中国投资公司，该公司投资领域为中国的金融、房地产、石油化工等，并在中国设立房地产投资基金。2006年,科威特等海合会国家资本高调注入中国本土银行。2011年10月,作为中国工商银行、中国农业银行等4家银行的基础投资人,科威特投资局在北京设立了投资代表处,科威特在这4家银行的投资总额已达80亿美元。

根据科威特阿拉伯经济发展基金会最新公布的数据,1982年至2013年8月,科威特阿拉伯经济发展基金会向中国的35个大中型建设项目提供了总金额达2.61亿科第(约合8.87亿美元)的优惠贷款,其中交通项目17个,工业项目10个,社会公益项目3个,农业项目2个,电力项目1个,其他项目2个。此外,科威特资本还进入中国资本市场。2012年底,科威特投资局获得中国中央银行外管局在中国证券股票市场10亿美元的满额投资额度。

20世纪70年代末,中国的工程人员和劳务人员开始进入科威特,开展工程承包和劳务承包业务。至2013年6月底,中国公司在科威特累计签订工程承包和劳务合作合同额达86.2亿美元,完成营业额45.9亿美元。据中国商务部统计,2015年,中国企业在科威特新签承包工程合同44份,新签合同金额为20.14亿美元。

随着在科威特从事和经营承包工程、劳务合作的中国企业不断增多,业务规模不断扩大和人员迅速增加,2010年12月23日,中国驻科威特使馆经商处组织在科威特的全体中资企业开会,成立了"驻科威特中资企业协会",并通过了《驻科威特中资企业协会章程》。

自中国与科威特正式建交后,科威特在中国台湾问题上始终坚持一个中国的立场,不同台湾发生官方关系。台湾地区1986年在科威特开设的"'中华民国'驻科威特商务办事处"于1995年3月被科威特政府勒令摘牌,改名为"台北商务代办处"。科威特每年向台湾地区出口原油约200万吨。2009年,科威特与中国台湾地区的贸易额为47.07亿美元,其中科威特出口45.60亿美元,进口1.47亿美元。

第三节　中科文化交往

科威特是海湾国家中与中国建交最早的国家,自1971年3月22日与中国正式建交以来,两国关系稳步发展,在文化、卫生、教育、体育、艺术、文学等诸多领域有着友好的交往,每年都有代表团互访。双方还互相举办各种展览、文化周,互派留学生和教师,派遣医生和护士等。

1982年2月15日,中国与科威特在科威特城签署了《中华人民共和国政府和科威特国政府文化合作协定》,此后两国又签署了8个不时时期(1986~1988年、1989~1991年、1993~1995年、1996~1998年、1999~2001年、2003~2006年、2007~2010年、2012~2015年)的文化协定执行计划。两国还签署了《中华人民共和国政府与科威特国政府体育合作协议》《中华人民共和国政府和科威特国政府高等教育合作协定》《中华人民共和国政府与科威特国政府2009~2010年度体育交流计划》等。

2009年12月10日,中国国际出版集团与阿拉伯思想基金会在科威特举办的阿拉伯思想基金会第八届年会上签订了关于将中国图书翻译成阿拉伯文的谅解备忘录,"同一个文明"中国图书翻译项目在科威特正式启动。这是阿拉伯文翻译史上第一次翻译中国的书籍,它不仅为中国书籍的阿拉伯文翻译创造了一个良好的开端,也必将为中国与科威特等阿拉伯国家文化沟通与交流以及持续发展做出重大贡献。2011年1月,黄河出版传媒集团的宁夏人民出版社出版了科威特的《穆妮拉:科威特短篇小说精选》。小说选共收录了包括科威特第一部短篇小说《穆妮拉》在内的各时期较有影响的短篇小说46篇,从中不仅可以了解到科威特短篇小说发展的轨迹,更可以领略到这一不同寻常国家短篇小说的艺术风采。这是科威特小说首次被翻译成中文出版。科威特《阿拉伯人》杂志不止一次派遣记者团实地探寻中国崛起的秘密,追寻中国在科学、建筑、艺术等领域的发展之路,并向阿拉伯读者详细介绍中国的全方位崛起,当然,杂志还介绍了中国的传统风俗、民族信仰和独特文化。

由中华人民共和国文化部主办、中国对外艺术展览中心承办、科威特国驻华大使馆协办的《科威特造型艺术展》于2008年5月17~28日在北京国际艺苑美术馆举行。此次展览展出26幅油画、7件雕塑作品,这些都是科威特当代艺术的丰硕成果,体现了阿拉伯伊斯兰传统文化的精神,同时注重把西方的现代艺术与科威特的本土文化相结合,创造出异彩纷呈的艺术风格。

2009年3月4日,中国驻科威特大使馆向科威特海湾科技大学赠送了涵盖中国历史、经济、文化、旅游、习俗等方面的260余册图书,并在该校举办了中国文化展,展览了北京奥运会图片、部分工艺品,并放映了中国影片。

2009年12月19~22日,应科威特文化艺术文学委员会邀请,中国湖南省文化艺术代表团赴科威特进行访问演出。演员们向观众展现了中国民族舞、民歌、长笛、杂技、阿拉伯歌舞等十余个表演节目,整场演出高潮迭起,得到现场观众由衷的赞叹,科威特电视台还进行了现场直播。

2011年,适逢中国与科威特建交40周年,中国与科威特两国分别在科威特城和北京举办了"中国文化周"和"科威特文化周"活动。

2013年5月5日,在科威特海湾科技大学教学楼中心大厅,学校中文班的学生们举办了一场热闹的"中国日"活动。"中国日"活动展示的主题有:"学习中文书法""中文日常对话""起个中文名字""识别中国元素""尝一口中餐""喝一口中国茶""浏览中国旅游风光"等。

中国和科威特在教育领域签有合作协定,双方每年相互提供政府奖学金。截至2014年,中国47所大学(含香港地区8所)的学历已获科威特教育部承认。2016年,中方共有7名政府奖学金留学生在科威特大学学习,另有部分自费留学生在科各高等院校学习。

中国与科威特在体育领域有着非常良好的合作,两国体育界的领导人多年来多次互访,在许多领域进行合作。两国政府签署的《中华人民共和国政府与科威特国政府体育合作协议》《中华人民共和国政府与科威特国政府2009~2010年度体育交流计划》等,为双方开展体育领域的交流

第六章 科威特与中国的交往

与合作开辟了更广阔的空间。在中国申办2008年奥运会、2007年冬亚会和2010年亚运会时，科威特都给予了极大的支持。目前多名中方乒乓球、游泳、体操教练在科威特执教，科威特也曾多次派遣举重队和体操队赴中国集训。

根据中科两国政府签署的卫生合作协议，自1976年起，中国政府每两年向科威特派遣一支医疗队，在当地从事针灸、火罐等传统中医治疗。30多年来，中国已向科威特派遣了17批医疗队员，中国医护人员凭借精湛的医术诊治了数以万计的科威特患者，为中科两国人民的友谊、为中科医疗合作做出了贡献。

随着中国经济的快速发展，中国与科威特的关系稳步发展，近些年来，到中国来的科威特人数增长很快。根据中国大使馆签证处统计，2001年发放签证的有2000人，2007年达到13000人。原来使馆每周只有3天办理签证，现已改为5个工作日均办理签证。

第四节 宁夏与科威特友好交往

宁夏和科威特在经济、文化等领域进行了广泛的交流合作，在投资合作领域更是保持着良好的伙伴关系。2012年宁夏对科威特贸易出口总额196万美元。同时，科威特在卫生医疗、教育文化、危房改造、扶贫救灾等方面也给予宁夏很多支持。

20世纪80年代，时任宁夏回族自治区主席黑伯理率中国宁夏穆斯林友好访问团先后访问了科威特、巴基斯坦、埃及、也门、沙特阿拉伯、阿联酋六个国家，历时40余日。这次访问积极宣传了宁夏及中国的对外开放政策和宗教政策，增进了这些伊斯兰国家对中国和宁夏的了解，为此后进一步加强联系做了良好的历史铺垫。2011年11月28～30日，宁夏回族自治区党委副书记崔波率代表团对科威特进行了友好访问。宾主双方就进一步加强中科关系以及科威特加强与宁夏在经贸等领域的合作与交流达成共识。2013年5月1～3日，宁夏回族自治区副主席袁家军率政府代表团对科威特进行了正式访问。访问期间，就宁夏与科威特在各领域开展务实合作事宜进行了探讨，并对将于2013年9月在银川举办的首届中国—阿拉伯国家博览会进行了推介。

2013年9月15～19日，首届中国—阿拉伯国家博览会在宁夏回族自治区举行。作为本届博览会主宾国的科威特，科威特工商大臣安纳斯·哈立德·萨利赫率科威特政府代表团100多人，包括来自能源化工、工业制造、清真食品、文化旅游等行业的25个科威特企业家出席了此次博览会。在博览会举办期间，科威特国家馆展示了科威特能源化工、农业、慈善、商贸等10多个领域的发展现状，具有科威特风情的工艺品、食品、服饰吸引了众多观展者。

作为博览会的系列活动之一，"中国·科威特合作论坛暨项目对接会"也在银川举行，双方经贸界人士就深化经贸和投资等领域的合作关系进行了深入交流，达成了广泛共识。

1996～1999年，科威特阿拉伯经济发展基金会贷款约

6800万美元援建宁夏扬黄浇灌工程项目（一期、二期）。该项目工程巨大，工程周边100多万穆斯林和其他各族民众受益。项目包括农田水利、土地开垦、水土保持、房屋建设以及发电、输电和通信等基础设施建设。科威特阿拉伯经济发展基金会还低息贷款3400万美元援建宁夏人民医院。

参考文献

一　图书

[1] 王景祺编著《科威特》(《列国志》丛书之一),社会科学文献出版社,2004,2014。

[2] 钟志成:《中东国家通史·海湾五国卷》,商务印书馆,2007。

[3] 科威特新闻部:《科威特——事实与数字》(第五版)。

[4] 赵国忠主编《简明西亚北非百科全书》,中国社会科学出版社,2000。

[5] 石岳文:《中国驻中东大使话中东——科威特》,世界知识出版社,2013。

[6] 〔黎巴嫩〕汉纳·法胡里:《阿拉伯文学史》,郅溥浩译,宁夏人民出版社,2008。

[7] 〔黎巴嫩〕盖德里·盖勒阿吉:《科威特简史》,北京大学东语系阿拉伯语教研室译,人民出版社,1973。

[8] 商务部国际贸易经济合作研究院等:《对外投资合作国别(地区)指南——科威特》,2013。

[9] 中国伊斯兰百科全书编辑委员会编《中国伊斯兰百科全书》，四川辞书出版社，1994。

[10]〔阿联酋〕穆哈迈德·本·胡崴丁：《中国与阿拉伯半岛和海湾国家关系（1949~1999）》姚继德、冀开运译，线装书局，2008。

[11] 江淳、郭应德：《中阿关系史》，经济日报出版社，2004。

[12] 王正伟主编《中国—阿拉伯国家经贸论坛理论研讨会论文集（2010第一辑）》，黄河出版传媒集团宁夏人民出版社，2010。

[13] 王正伟主编《中国—阿拉伯国家经贸论坛理论研讨会论文集（2011第二辑）》，黄河出版传媒集团宁夏人民出版社，2011。

[14] 王正伟主编《中国—阿拉伯国家经贸论坛理论研讨会论文集（2012第三辑）》，黄河出版传媒集团宁夏人民出版社，2012。

[15] 袁家军、王和山主编《中国—阿拉伯国家博览会理论研讨会论文集（2013第四辑）》，黄河出版传媒集团宁夏人民出版社，2013。

[16] 杨光主编《中东发展报告（2012~2013）》，社会科学文献出版社，2013。

[17] 商务部国际贸易经济合作研究院等：《对外投资合作国别（地区）指南——科威特》，2016。

二 论文及其他

[1] 马学忠：《科威特社会的变迁》，《阿拉伯世界》2002年第3期。

[2] 〔科威特〕苏莱曼·奥斯卡里、穆罕默德·鲁米哈著，许智博、姚力、张岩译：《海湾明珠科威特》，《回族文学》2008年第2期。

[3] 陶慕华：《科威特的农业》，《世界农业》1986年第10期。

[4] 曾彬：《科威特大清真寺》，《中国穆斯林》2001年第1期。

[5] 刘元培：《科威特清真寺大观》，《中国穆斯林》2006年第1期。

[6] 张道庆：《论科威特的社会福利制度》，《西亚非洲》1992年第4期。

[7] 王根宝：《科威特——高度福利国家》，《阿拉伯世界》1983年第1期。

[8] 刘元培：《蔚为壮观的骆驼赛——访科威特法赫德赛驼场》，《阿拉伯世界》2004年第4期。

[9] 冯璐璐：《中国与科威特经贸关系发展战略研究》，载王正伟主编《中国—阿拉伯国家经贸论坛理论研讨会论文集（2010第一辑）》，黄河出版传媒集团宁夏人民出版社，2010。

[10] 姚国欣：《科威特的石化工业》，《现代化工》1997年第9期。

[11] 冯璐璐：《21世纪宁夏与海湾国家经贸关系研究》，《阿拉伯世界研究》2010年第4期。

[12] 周顺贤：《科威特的对外贸易及港口》，《外贸教学与研究·上海对外贸易学院学报》1985年第3期。

[13] 姜英梅、王晓莉：《科威特金融体制及中科金融合作前景》，《西亚非洲》2011年第8期。

[14]《随笔：科威特男性特有的社交平台"迪瓦尼亚"》，http：//news.xinhuanet.com/world/2011 - 10/08/c_122127692.html。

[15]《中国与科威特双边关系》，人民网，http：//politics.people.com.cn/GB/8198/141544/141547/8548575.html。

[16]《中科合作》，中华人民共和国驻科威特大使馆经济商务参赞处，http：//kw.mofcom.gov.cn/article/zxhz/。

[17]《中科经贸关系》，中华人民共和国驻科威特大使馆经济商务参赞处，http：//kw.mofcom.gov.cn/article/zxhz/hzjj/200302/20030200068136.shtml。

[18] 李彪、田一蒙：《开拓科威特承包工程市场须知》，《国际工程与劳务》2013年第6期。

[19] 张伟：《埃及总统塞西将访问科威特》，中华人民共和国驻科威特大使馆经济商务参赞处，http：//kw.mofcom.gov.cn/article/ddgk/zwjingji/201501/20150100856124.shtml。

[20]《叙利亚人道主义问题第三次认捐大会在科威特举行》，新华网，http：//news.xinhuanet.com/world/2015-03/31/c_1114827510.htm。

后 记

为了积极主动地发挥地区优势,服务中阿博览会,促进宁夏对外开放,推动宁夏与阿拉伯世界的经贸文化交流,在宁夏回族自治区党委、政府等的支持下,宁夏社会科学院组织编撰了一套"阿拉伯国家经贸文化丛书"。

本书在收集整理资料、写作和审定过程中,得到了中国社会科学院西亚非洲研究所杨光研究员、王林聪研究员,中国现代关系研究院中东研究所副所长廖百智博士、宁夏大学回族研究院王根明副研究员、宁夏社会科学院回族研究院(原回族伊斯兰教研究所)全体同人以及中国社会科学院西亚非洲研究所图书馆等的大力支持和帮助,在此表示衷心的感谢。

本书在编写过程中,除参阅本书所列出的主要参考文献外,还参阅了其他书籍、文章以及互联网资料等,在此谨向这些资料的作者表示感谢。

本书的出版是宁夏社会科学院领导、社会科学文献出版社领导和王小艳等编辑热情支持的结果,特此致谢。

由于本人才疏学浅,水平有限,虽然投入了大量精力,但书中的不足之处在所难免,敬请专家、学者和广大读者提出批评和指正,不胜感激之至。

王伏平

2017 年 8 月

图书在版编目(CIP)数据

科威特经贸文化/王伏平编著.--北京:社会科学文献出版社,2017.12
  (阿拉伯国家经贸文化丛书)
  ISBN 978-7-5201-1582-7

Ⅰ.①科… Ⅱ.①王… Ⅲ.①科威特-概况 Ⅳ.①K933.83

中国版本图书馆CIP数据核字(2017)第250261号

·阿拉伯国家经贸文化丛书·

科威特经贸文化

编　　著 / 王伏平

出 版 人 / 谢寿光
项目统筹 / 祝得彬
责任编辑 / 张苏琴

出　　版 / 社会科学文献出版社·当代世界出版分社 (010) 59367004
　　　　　 地址：北京市北三环中路甲29号院华龙大厦　邮编：100029
　　　　　 网址：www.ssap.com.cn
发　　行 / 市场营销中心 (010) 59367081　59367018
印　　装 / 三河市尚艺印装有限公司

规　　格 / 开　本：889mm×1194mm　1/32
　　　　　 印　张：4.625　插　页：0.375　字　数：91千字
版　　次 / 2017年12月第1版　2017年12月第1次印刷
书　　号 / ISBN 978-7-5201-1582-7
定　　价 / 48.00元

本书如有印装质量问题，请与读者服务中心 (010-59367028) 联系

版权所有 翻印必究